枕元の本棚

——津村記久子

枕元の本棚

——

目次

第四章　眺めるための本

第五章　このぐらい頭がよかったらなあ

第六章　スポーツの本

第一章　絵本と児童書

デブの国ノッポの国

アンドレ・モロア

辻 昶／訳

1994年 集英社

幼稚園の年長さんだったか、小学校に入りたての頃だったか、人生で最初に手にした、絵本ではない文字がメインの物語の本である。『デブの国ノッポの国』。タイトル買いにしてジャケ買いだった。『イワンのばか』とすごく迷ったのだが、こっちで良かった、ナイス判断、と今でも思う。このあとわたしは、『若草物語』も『トム・ソーヤーの冒険』も『十五少年漂流記』も『小公女』も『長靴下のピッピ』も買ってもらい、どれも楽しく読んだのだが、はじまりは『デブの国ノッポの国』である。たぶん、とにかくタイトルを連呼してみたかったのだと思う。今この本が改めて訳されるとしたら、何らかの配慮が働い

て、『ふとっちょの国ノッポの国』とかになるのだろうか。それも悪くないけれども、この「デブ」という潔い言い切りは、今もわたしの中の子供の部分を貫通する。

フランスのフォンテーヌブローの森で遊んでいたエドモン（デブ）とチエリー（ノッポ）の兄弟は、地下に通じるエスカレーターを発見する。その先には港があり、エドモンはデブ港ゆき、チエリーはノッポ港ゆきの船にそれぞれ乗せられる。船の中でエドモンは、タラフクブー総理大臣に、チエリーはヤカマシノッポ先生に出会い、デブ国とノッポ国へと向かう。デブ国とノッポ国は、キラキラ海を挟んで向かい合っており、その真ん中にある島の名前を「ノッポデブ島」にするか「デブノッポ島」にするかでずっと争っている。互いに、そんな確執は無益とは知りながら、和平のための話し合いは決裂し、二つの国は戦争へと向かうのだが……、というあらすじである。要約していてちょっと頭痛がしてきた。しかし、これが大変おもしろく、豊かな物語なのだった。

まず、『おしゃべりなたまごやき』で有名な長新太さんのふんだんな挿絵が豪華だし、「ヤカマシノッポ先生」とか「ヤリテ将軍」とか「ブー元帥」とか「デブデブ王」とかみもふたもない登場人物のネーミングも、ひどいを通り越して素敵である。今読み返して驚くのが、このめちゃくちゃな名前群が一切の含みを持たず、ものすごくフラットに使われていることだ。うまく言えないのだが「デブ」と発語することに、揶揄《やゆ》やプレッシャーがない。デブをデブとして完結させている。たとえば「オオサンショウウオ」とか、「コブダイ」という名前に賞賛も卑下《ひげ》も含まれていないように、この物語は「デブ」という言葉を扱っている。

ディテールもすばらしい。デブ港ゆきの船に乗ってしまったエドモンは、老女に「ここじゃりっぱなデブ人」呼ばわりをされたことに腹を立てていたところ、タラフクブー総理大臣に出会う。タラフクブー総理大臣は、「デブ人といわれたらおおいばりでよい」とエドモンに説明しかけるのだが、たぶん面倒になってやめてしまい、その代わりに、肘掛椅《い》子《す》と小さなテーブル、温かいココアとビスケットと「デブ国の歴史」を持ってこさせる。この計らいが、子供のわたしには、たまらなく良いものとして映った。また、ノッポ国の港町の美しい描写（「とうのように高い家が、たくさんたっています。どの家も、とてもきれいな、うすいバラ色の石でできていて、とんがったやねには、赤と青の国旗がたっています」）だとか、国境の町メチャ港で話し合いをすることになったノッポ国代表とデブ国代表が、地上の国から建築家を呼んで特別に作らせた「大きな美しいビル」に対して、それぞれ「ぺちゃんこ」「ひょろ長い」と文句をつけ、中でも回転ドアやエレベーターに苦労する描写も興味深い。そして戦争における、デブ／ノッポそれぞれの戦術など、ストーリー以外にも読みどころが無数にある。

わかりやすく描かれた戦争の形も、非常に批評的だと思う。それは、『若草物語』の南北戦争よりも、ナイチンゲールの伝記のクリミア戦争よりも、子供に戦争の無惨さ、不要さを強く教える。デブもノッポも争いも和解も幸福も。あらゆるものが凝縮された素敵なお話である。

マガーク少年探偵団！〈6〉あやしい手紙

E・W・ヒルディック

蕗沢忠枝／訳

2004年　あかね書房

小学生の頃に読んでいた本といえば、マガーク少年探偵団シリーズである。いや、『ズッコケ三人組』や『少年探偵ブラウン』も大好きだったけれども、団員を始めとした登場人物たちの個性のえげつなさ、そして、山口太一《やまぐちたいち》さんのドライでおしゃれなイラストに抗《あらが》いがたい魅力があって、何かというとマガークを借りてきて読んでいた。

えげつない、という言い方はないだろう、と自分でも思うのだが、今読んでもマガークはひどい。なにしろ、発端となった第一巻『こちらマガーク探偵団』における、鼻のウイリーのミット紛失事件に首を突っ込んだ理由も、ウイリーにミットを贈ったおばさんからもらう十ドルのお小遣い目当てだったわけで（その十ドルで指紋を検出する粉などの鑑識セットを買うつもりだったらしい）、読みながら「げすい！」と笑ってしまった。

探偵団の団員は、本作においては、マガーク、ジョーイ、ウイリー、ワンダ、ブレインズの五人で、のちに日本人のマリが加入する。団長のマガークは強引で自信過剰だが、行動的な親分肌で時にまぬけ、ジョーイは作品全体の語り手であり記録係を担当、ウイリーは一見何のとりえもなさそうな陰気な少年だが、実は異様に嗅覚が鋭く、木登りが得意なワンダはかわいいんだけれどもマガークに負けないぐらい気が強くて時にかしこい、ブレインズは理系の天才だが天才ゆえに基本的に上から目線、となんというか、いわゆる「いい子」みたいな子は一人もいない。いや、彼らはすごく興味深いいい子なんだけれども、「大人にとって都合のいい子」は一人もいないのだ。作者のヒルディック氏は元教師なのだという。そのせいか、作中の子供たちは変に理想像を押し付けられず、ありのままの我の強さ、おろかさ、そしてひたむきさを付与されており、彼らの個性は手加減なしにぶつかり合う。そこに、感動的な人間関係の妙味がある。

『あやしい手紙』は、今あかね書房から刊行されている全八巻のソフトカバーの復刻版シリーズの中で、個人的に最もおもしろかったものだ（絶版となっているハードカバーで翻訳されたシリーズは全十八巻）。ジョーイのお父さんが図書館で借りてきたモロッコに関する書籍に挟まれていたメモには、どこの何のものか不明の図面らしきものが描かれ、犯罪計画と思《おぼ》しき手紙の筆圧の痕跡《こんせき》が残っていた、マガークたちは、前作『見えない犬のなぞ』で加入したブレインズに筆跡鑑定を持ち込み、だれが、どこで悪事を実行しようとしているのかを突き止めようとする、というスリリングなあらすじである。

さっそく、メモのあやしさ以上に、風呂に水漏れがあって家に保険調査員が来たから、というブレインズの会議の欠席理由に気を取られるワンダとウイリーが面白い。いっぱしの探偵である彼らは、ジョーイのお父さんの貴重なしおりを持ち出して、これを返したいから前に借りた人を教えてくれと司書に迫ったり、犯罪現場がわかったらわかったで、なけなしの小遣いをはたいて買い物に行き、店員に領収書を書かせて筆跡を押収しようとしたり、とかなりのあの手この手で事件の核心に迫ろうとする。子供であるという制限の中、アイデアと根気強さで真っ向から勝負する姿は、すごくファニーなんだけれども同時にかっこいい。特に、結局店員からは領収書を取れなかったものの、そのアクシデントで得た別の人物の筆跡が事件解明の糸口となることが判明するシーンは、今もはっとする。司書が、以前に本を借りた人物の名前を教えてくれるかということについては、それはプライバシーに関わることなんで本当はだめなんですよ、という注意書きがあるのだが、彼らなら張り込みでも何でもして犯人を突き止めるだろうと思わせる。ある一枚のメモを、団員それぞれの個性による視点から検証する本作は、児童文学であると同時に探偵小説として、とても優れていると思う。

と絶賛しようとしていたら、ラストのマガークがひどい。ものすごく余計なことをして、自分たちで突き止めた犯罪の抑止をぶちこわしにしそうになるのだが、なんだかそれも、ご愛嬌《あいきょう》というか、とてもこのシリーズらしくていい。個性的な登場人物たちが、いがみ合い、時には団結しながら、ある一つの方向へと向かう。その様子がすでに物語なんだ、ということを、わたしはマガーク少年探偵団から学んだ。べたべたせず、我こそはこの中でいちばんだと思っていて、でもすごい奴《やつ》がいたら素直に感心して、常に真剣。自分はマガークみたいに面白い連中の話を書けているだろうか、とわたしはときどき自問する。

カモ少年と謎のペンフレンド

ダニエル・ペナック

中井珠子／訳

2007年　白水Uブックス

SNSがこれだけ発達したら、誰にも身に覚えのあることになっていると思うのだが、文字だけのコミュニケーションには、対面のものとは違う、独特の親密さが伴う。実際にしゃべっていて意気投合するのと、文字上でぴったり合うのとはまた別の話で、会ったらいくらでも話せる関係でも、手紙やメールではまったくやる気がなかったり、言葉の上では密着していても、実際に顔を合わせるとよそよそしかったりすることもある。どちらがいいというわけではない。ただ、その中でも、文字上のコミュニケーションのもっとも原始的かつストイックな「文通」という行為には、強烈な遠さと、遠さ故の幻想の激しさの

ようなものにおいて、あらゆるコミュニケーションの中でも独特の地位が与えられているように思う。遠い。遠くてもわたしたちには話すべきことがある。この磁気のような親密さと、意思的な閉塞感。遠ければ遠いほど、会えなければ会えないほど、人は秘密や痛みを打ち明けてしまうのではないか？　そしてそれを共有することによって、二者の精神はより親密になる。

本書の主人公である十四歳のカモ少年は、他の科目はよくできるけれども英語だけはどうも苦手で、移民の一家出身で十か国語は話せるというお母さんに発破をかけられている。このお母さんという人もまた、他人と仕事をすることが苦手で、製薬会社を十日で首になってしまうような人で、二人は賭《か》けをすることになる。お母さんが、次の仕事を三か月続けることができたら、今度はカモが英語を三か月でマスターすること。果たしてお母さんは三か月仕事を続け、カモは英語の勉強へと追い込まれてゆく。カモに英語をやらせるために、お母さんはペンフレンドのリストをカモに渡す……。

タイトルにもある「謎のペンフレンド」とは誰か。名前はかなり早い段階で明かされる。

カモがコンパスを投げつけてリストから選んだ彼女の名は、キャサリン・アーンショー。

唸った。そうだ、あの『嵐が丘』の女の方の主人公と同じ名前である。なんというわくわく感か。はなっから英語をまじめに勉強する気もないカモは、彼女をわざと怒らせるような失礼な手紙を書く。しかし、返信されてきたのは、そんなカモの思惑を上回るような峻《しゅん》烈《れつ》な文面にして、外観も「むらさき色の傷跡」のような乱雑な筆跡で埋め尽くされた攻撃的な文書である。

このキャサリンの返信のくだりは、本当に美しいと言っていい感慨を呼び起こす。たぶん彼女が文通していたら、こんな手紙を出すんだろうなというイメージが、荒々しく立ち上げられる。そんな文面を投げて寄越す女に「あなたのコンパスは他でもないわたしの不幸を突き刺した」と書かれた日には、心を奪われずにはいられまいか。そしてカモはキャサリンと、彼女が語るHとの物語にとりつかれる。

語り手である「ぼく」に、文通相手のキャサリンのことを「キャシーって呼んだっていいんだぜ……」と（おそらくは低く暗い声で）述べるカモを心配し、「ぼく」は調査を始め、カモと同じように、ロシア人やイタリア人やスウェーデン人といった海外の文通相手にとりつかれた連中を何人もつきとめる。このくだりの子供たちの描写も、ずっと読んでいたくなる。そこには、読むことと書くこと、そして語られる物語の高次の結合が、関わる者を異様な高揚に導く魔力が再現されている。

子供たちを虜《とりこ》にする外国のペンフレンドたちは何者なのか？　本書はそれを追うミステリーの要素もあり、結末は鮮やかである。あらすじ以外の枝葉に関わる文章もいちいちすばらしい。カモと「ぼく」の周囲をうろつくのっぽのランチエは「友だちの友だちというタイプ」。そして、キャサリン・アーンショーの実在を疑う「ぼく」が父親に「存在しない人に恋するなんて、できるの?」と尋ねて返ってくる言葉は「もちろんだよ！　それがすべての離婚の原因になってるくらいだ!」。深い。かようにすばらしい解釈で世界をとらえるペナックさんによる、カモ少年の熱狂の真相に、どうかふれていただきたい。

ことわざ絵本／ことわざ絵本ＰＡＲＴ－２

五味太郎

１９８６／１９８７年　岩崎書店

幼稚園から小学校に上がる時分に、いちばんそばにあって手に取った本だと思う。まず、ボリュームがある。一度開いたら、かなり長い間眺めていられる。そしてどのページからでも読める。といってもそれは大人の読み方で、子供の頃は、最初から最後まで生真面目《きまじめ》に読んでいたのだが。五味《ごみ》さんのイラストは掛け値なしに愉快だし、ときどき差し挟まれる毒気も、日々幼稚園や小学校低学年のお花畑的な世界が物足りなくなる中で魅力的だった。わたしが、今自分が知っていることわざを覚えたのはすべて、他でもないこの本と、『ＰＡＲＴ－２』からだった。特別こ

とわざ好きの子供であったというわけではなくて、ただ五味さんの世界にひたっていたかったのだと思う。当時、自分の手の届く範囲の五味さんの本といえば、すぐ読み終わってしまう絵本が多かったので、子供が手に取るものとしてはけっこう分厚いこの二冊は、貴重なまとまった五味供給源だったのである。引っ越しを繰り返す間になくしてしまった『ことわざ絵本』なのだが、おそらく二十数年ぶりに手に取ってがっつりと読んでみて、内容がまったく風化していないことに驚きつつ、やはりな、とニヒルな気分にもなる。だって五味太郎だもの。

見開き二ページで、一つのことわざを説明する内容になっている。右のページには「さるも木から落ちる」と言い伝えられてきたことわざが載っていて、左のページには「おまわりさんスリにあう」など、右のページのことわざを、現代的、もしくは五味さん的に解釈したフレーズが掲載されている。「さるも木から落ちる」を「おまわりさんスリにあう」とするアイロニーが素敵だ。イラストでは、油断して驕《おご》っているという様子のおまわりさんが、泥棒らしき男にピストルをすられている。すでにこの例だけで、けっこうパンチのある内容なんだということはわかっていただけるだろうか。

　個人的に好きだったこの手の言いかえは、「出るくいは打たれる」↓「美人はつらいよ」、「逃した魚は大きい」↓「いなくなった名犬」、「泣きっ面に蜂」↓「おとしもの、迷い道、こわい犬、日ぐれ」、「木を見て森を見ず」↓「父の森はもっと深い」といったところで、「美人はつらいよ」に関しては、「出るのはくいの勝手、くいの運命。打たれても打たれても、また出るのがくいの実力、くいの根性というやつ」という五味さんの文章に心を打たれるものがあるし、「いなくなった名犬」では、小さな弱々しい飼い犬を探す貼り紙に「ゆうかん」だとか「かしこい」だとか書かれていて、肝心の犬が戻れなくなっている様子が描かれていて笑ってしまったり、「おとしもの、迷い道、こわい犬、日ぐれ」は、「泣きっ面に蜂」ばりに小さな女の子が直面する災難が劇的に描かれている。そして「父の森はもっと深い」では、野球中継を肴《さかな》に酒を呑《の》んで歓《よろこ》んでいる父親を横目で眺める息子の気持ちを、子供の頃のわたしは理解しただろうかと疑わしいほど、奥行きのある世界がイラスト一枚で表現される。野球を見て酔っぱらっている姿だけで父さんをジャッジするのは

「木を見て森を見ず」に通じるんだ、ということなのだが、すっかり大人になって、わたしは五味さんに「まいった」と白旗を上げた。

また、「情は人のためならず」を「ひとつの情、ふたつのよろこび」と言い換えるところでは、右のページでは子供が大人に傘を差し掛けるイラスト、左のページでは大人が傘を差し掛けられながら子供を抱えて川を渡るイラストが描かれていて、なんとも優しい気持ちになる。愉快なこと、毒気のあること、かわいらしいこと、間の抜けたこと、人間の機微を知るようなこと、そして人間同士が優しくなれるということなど、『ことわざ絵本』からは、人が直面するさまざまなシーンと心持ちを学ぶことができる。

子供の時点で、これ知ってる！　あるある！　と思ったこともあるし、前述の「父の森はもっと深い」のような深遠な世界も内包している。怒りやつらさなど、心が一つの感情に偏って固まっていくような時にこの本を読み返せば、そうだこんな気持ちもあったんだ、と我に返ることができるのではないだろうか。

ゆめを　うる　まち　ザルツブルグ

真鍋呉夫／文、マリア・ド・ポツ／絵

1983年　全日本家庭教育研究会

カトリック系の幼稚園に通っていた頃は、つきづき聖書の絵本を一冊、お話の絵本を一冊、社会科見学系の絵本を一冊（パン工場の様子とか、たけのこの成長についてとか）幼稚園から配布されていて、わたしは毎月それをすごく楽しみにしていた。その三冊を、あまりにもくりかえしくりかえし読み、また母親に朗読してもらったので、幼稚園でもらった本の何冊かは、今も内容を覚えている。

『あたごの浦』という、砂浜に上がってきた魚たちが演芸会を開く絵本については、「妙々々々々〜」という独特な台詞《せりふ》と共に異常に覚えている。大げさではなく、三日に一回ぐらいは、この「妙々々々々〜」が頭を過《よぎ》る。なんだったのだあれは。本を持っていないのでネットで調べてみると、演芸会における「ええぞええぞ」に類する物言いらしい。使ってみたくなる。特にあらすじが好きな本というわけでもないし、絵も濃い感じで、好みでもなかったのだが、他の絵本に比べて「意味がわからなかった」という気持ちを強烈に記憶していて、違和感と共に心に残っているのである。あと、猫と暮らすゆっくりしたおじいさんが、猫に食べさせるために漁に出て、釣った魚をエサにどんどん大きな魚を釣り上げてゆく話が好きだった（『のんびりおじいさんとねこ』）。

それらの絵本はほとんどすべて、引っ越しなどによってなくなってしまったのだが、一冊だけ、何度かの住居の移動を乗り越えて手元に残っているものがある。しかも、自分が幼稚園でもらった本ではない。弟が幼稚園でもらってきた本である。『ゆめを　うる　まち　ザルツブルグ』という。何十冊と存在していたはずの幼稚園の配布絵本だが、どうしてこの一冊は持っていたかったのか。「ザルツブルグ」である。今でこそ、それはオーストリアの都市で、意味は「塩の城」だ、ということがわかるのだけれども、子供の頃はすごく難易度の高い語感だったと記憶している。どこで切ったらいいのかザルツブルグ。はじめは、展開もなんもないし、タイトルは読みにくいし、つまらん本だな、と子供なりに思っていたのだが、おそらく小学校高学年の時にどこからか発見して、そのまま今も持っている。自分のやりたいことに必要な気がしたのだった。

ザルツブルグの街を、マックスというおかっぱの子供と、その飼い犬でプードルのフィップスがうろうろし、目に入ったものについて記述がなされる。マックスはフルートが吹け、隣のペーターさんは昔洗濯屋をやっていた、とのことなのだが、情報はそれだけで、家族も登場しないし、彼にまつわるあらすじらしきものはない。主役はあくまでザルツブルグそれ自体である。

右のページには一枚絵、左のページには、結構な密度で文章が印刷されている。非常に細密でカラフル、しかしときどき遠近感が狂っているようにも見える。マリア・ド・ポツさんの絵が素晴らしい。ザルツブルグの石畳の大通りに土砂降りの雨が降り、無数の色とりどりの傘が開いている冒頭からして、もうぐっと心を摑《つか》まれる。そして一枚めくると、ページいっぱいにケーキ屋の店先が描かれている。ピンクとクリーム色のテントに、入り口もショーウィンドウも全体がガラス張りで、内部の黄色い照明は、店をむやみに暖かそうに見せている。左の文章で並べられる、エクレア、サバラン、マドレーヌ、ブラマンジェ、レディフィンガー……、という容赦ないお菓子の名前の列挙も、息を詰めて読んでしまう。『飛ぶ教室』でもそうだったが、ドイツ語圏の本の中で取り上げられる焼き菓子や揚げ菓子の記述は、どうしてあんなにおいしそうなのか。その次のページののみの市、広場の喫茶店の前の花屋、またペーターさんの洗濯屋で働く女の人たちの活《い》き活《い》きとした様子、ぼたん雪が降る中で開店している焼き栗《ぐり》屋など、すばらしい街の絵は枚挙に暇《いとま》がない。

街と人の営みの楽しさ、が、余すところなく描かれた絵本だと思う。ザルツブルグという場所にインスパイアされた本であることは確かであるが、絵本自体が独立した幸福な「場」を、眺める者に提供してくれる。実はこの絵本を読んでも、わたしはさしてザルツブルグに行きたいとは思わなかった（大人になると下心が出てくるのでちょっとは思うのだが）。それは、この絵本を見ることが、体験に迫るほどの力を持っているからではないだろうか。

ちなみに、弟が幼稚園でもらってきたもので、わたしが今も持っているものは、五味太郎さんの「おみせやさんの　おつかいかるた」である。五十音すべてが、五味太郎さんイラストによるお店である。たまらないと思わないか。

第二章　ごはんと生活

セイシュンの食卓（1〜4）

たけだみりこと東京ブリタニアン

1996年　角川文庫

子供や若い人にとって料理ができるようになるということは、それまでよりひとつ自由になることを意味する。それは、自宅で母親の料理以外を食べることができるようになる自由であり、外では金銭的に難しいものでも、自分で作ることによって少し安く口にすることができるようになるという自由でもある。

わたしやわたしの周囲だけかもしれないが、母親という人たちは、実は頑《かたく》なに自分の嫌いなものは作らなかったりする。たとえばわたしの母親は、魚、肉、野菜、ごはんをバランスよく家族に食べさせようと心がけていても、個別の食材として、鶏肉やにんにくは個人的に嫌いだからその料理は作らない、という人で、ひどい食育を受けた！　というわけでは決してないのだが、それらの食材を使った料理を家で食べることはまったくなかった。この話をした友人たちも、似たようなものだった。わたし自身は、鶏肉もにんにくもとても好きだ。母親を責めているんではない。概してそういうものだ、という話である。むしろ、お母さんは何でも作ってくれるんで、外食とか自分で作るとか考えられません！　という方が変な話だ。母親が作る以外の何かを食べたいと思うことは、もしかしたら、子供が自我を形成していく上での第一歩なのかもしれない。

外食に関しては、いや、料理なんかしなくても、安くおいしく食べられるものも無数にあるし、ということは重々承知している。それでも、カレーにはもっとたまねぎどっさりがいい、とか、肉よりも付け合わせのマッシュポテトの方が好きだからもっと食べたい、とか、パスタにもっときのこを！　という願いは、個別には叶《かな》えられない。けれど、家で自分で料理を作るのならば、とても簡単に実行できる。それこそたまねぎしか入っていないカレーを作ってもいいし、マッシュポテトも山ほど食べられるし、きのこだって、スーパーに売られている種類をすべて入れてもいい。

料理ができるようになってからは、それが当たり前になるので、自分が料理をすることに対してそんなにありがたみはないのだが、火を触らせてもらえなかった頃と比べたらとても大きな進歩なのは確かである。それほどまでに、子供の頃は、包丁を持ってガス台に火をつけることには距離があった。

前置きが長くなったが、『セイシュンの食卓』は、わたしが初めて買った料理の本である。それまでは、雑誌の特集やスーパーの小冊子などを見ながら、本当に好きで簡単なものだけを作っていたのだが、自分の作ったものを自分で食べて生活していく、ということを実感させてくれたのは、この本だった。中学生の時に、五分ほどの短いアニメとして夜に放送されていたのを、友達が好きでよく話を聞いていたところ、大学生になってから文庫化され、迷わず買った。概要としては、アルバイト情報誌の「フロム・エー」に連載された、読者投稿などを集めた料理の紹介に、脱力テイストのマンガをつけたものである。料理の簡単さと意外性もさることながら、料理の内容とちゃんと関連しているマンガも味わい深い。

一巻をぱらぱらめくるだけでもたまらなくなる。レトルトハンバーグを潰《つぶ》してゆでたパスタにのっけて食べる「デラックスミートソース」、あつあつのごはんに大根おろしと揚げ玉とそばつゆをかけただけの「カンタンたぬき丼」、食べ飽きたクッキーに生クリームやチョコレートをはさんだ「クッキーケーキ」、固形スープで沸かした湯にパスタと野菜と肉を適当に放り込んでケチャップで味付けするだけの「スパナベ」。えっ、それで料理なの？　という感じなのだが、これがどれもおいしい。巻末の、食材インデックスも親切である。簡単さと意外性だけが売りではなく、ときどき差し挟まれる、料理の基本や、食事会用のメニュー、「インスタントラーメンにワインを2、3滴」みたいなコラムも、とても役に立つ。

料理の敷居は、性別年齢に加え、その家の作り手の矜持《きょうじ》も関係してくることであり、本当に人それぞれだと思う。また、あの人はああだけれども自分はこうでもないとか、料理は誰にでもできることな分、それを取り巻く心持ちは意外と複雑だ。『セイシュンの食卓』は、おおらかにそれらすべてを取っ払ってくれる。他人がどう言うかなんてかまわず、簡単に作って好きに食べたらいいい、と教えてくれる。言うなれば、気さくな家庭科の先生みたいなかけがえのない本だと思う。

まいにちトースト

たかはし みき

2004年　技術評論社

これから一生、炊きたてのごはんか焼きたての食パンのトーストのどちらかしか食べられないとなると、どちらを選ぶだろうか、とたまに思う。

ごはんはとてもおいしい。会社に通勤していた頃は、毎日コンビニで昼ごはんを買っていて、本当にたくさんメニューがあり、そのときどきにお世話になった弁当や麺類があったのだが、今となると無性に、塩だけのおむすび、ほうれん草の味噌汁《みそしる》、からあげ、という三点セットをとても懐かしく思う。味噌汁とからあげは、あくまで塩むすびに合わせただけのもので、それがなめこの味噌汁になろうと、出汁《だし》巻き玉子になろうと、塩むすびは不動である。会社をやめてからも、何か落ち着かない、どうにも最近すわりが悪いな、とつらつら考えていると、そうだ、外食が続いてごはんを食べていない、ということに思い至る。そして次の日の夕方には、ごはんを固めに炊き、とりあえず半膳ほど、何もかけずに食べてみる。おいしい。心が休まる。

そんなごはんと比べて、食パンのトーストは、実は食べる機会の少ないものではあるのだが、やはり週に一度でも二度でも、食パンを焼いてみて、バターを塗ってひとかじりしてみると、幸福感で気が遠くなることがある。かすかな甘みがあって、ふかふかしている。バターの優しい黄色と、パンの焦げがコントラストを描く表面は、なんだかそういう絵のようだ。そういう肥沃な土地のようだ。よし、次の一枚は目玉焼きをのっけて塩こしょうしてみよう。フライパンの空いたところでベーコンも焼くぞ。ばらばらに食べてもいいけど、一緒に食べるのはもっといいぞ。

安心のごはん、機動力の食パン、であるように思う。もちろん食パンは、そのままでもおいしいし、バターやマーガリンを塗るだけでもごちそうになる。しかし、その平たい形状を更に活かす方向に考えると、自然に、何かのせよう、ということになってくる。

『まいにちトースト』は、もう、何回も何回も何回も読んだ本である。朝ごはんになり、昼ごはんとしても食べられ、三時のおやつにも、そしてのっけるものによっては晩ごはんにも、おつまみにもなる、あらゆるジャンルのトーストを網羅し、紹介してくれるこの一冊は、安価で手軽でも、おいしいものはいくらでも食べられる、という勇気と、何を食べたらいいのかわからない時は、とりあえずこれを開いたら三十分以内ぐらいには満足できる、という安心感を与えてくれる。

読む時の気分や腹具合によって、年齢による好みや生活の変化によって、強い興味を持って眺めるページがばらけているのも、長く手元に置いていたいと思える秘訣《ひけつ》なのかもしれない。購入した当初は、アイスクリームやカスタードクリームをのっけたりという、ある程度予想がついた上で幸せ感を反復する、洋菓子的な食べ方をするページをよく見ていたと思うのだが、今は、かなり真剣に、マヨネーズの和《あ》え物《もの》に特化した章や、おつまみになるもの、野菜をのっけたもののページを眺めては、参考にしている。自炊をしていると、もう、どうしようもなく何を食べたらいいのかわからない、という時が訪れるのだけれども、とにかくこの本を開けば、そんなに退廃的ではなく、お金がかかるわけでもないメニューが示される。どれもおいしくて、満足感がある。

また、マーガリン＋ハチミツ、みたいな、とても簡単な工程のものと、コンデンスミルクを一缶まるごと煮て作ったキャラメルクリームのトーストのような、ちょっと手の掛かりそうなものが、同じような大きさで掲載されていることも、心情的に嬉《うれ》しいものがある。簡単で身近なものが、そうでないものに劣るというわけでは決してないのだ。この本をしげしげ眺めていると、バターを塗っただけのトーストであっても、やはりごちそうなのだ、という原点に戻る。

それにしても前項で紹介した『セイシュンの食卓』もそうなのだが、イラストで描かれた食事がある水準以上に達すると、その食事そのものの写真よりもおいしく見えてくるのはなぜなのだろうか。おいしそう！　と思って、自分で作って、やはりおいしかった、という感想を持っても、なぜかイラストの食事のほうがまだ更においしいように思えて、またそれを作ってしまう。本書は、たかはしみきさんによる、トーストのイラスト集としても素晴らしいのだ。この本を眺めていると、満腹の時であっても、頭がきゃっきゃと喜ぶのを感じる。

紅茶で遊ぶ観る考える

堀江敏樹

1994年　南船北馬舎

わたしがこれまでに書いた文章の中で、紅茶を飲まずに書いたものはどちらかというと少ないと思う。エッセイなどはたまに外出先で書いたりするので、そのときどきによるのだけれども（それでもその機会のうちの半分以上は紅茶を飲みながらだと思う）、小説はおそらく100%、紅茶を飲みながら書いている。この文章もそうである。たぶん、紅茶を飲むなと命じられて、水やコーヒーや緑茶やその他の飲み物で代用することになったとすると、作業能率は二～三割落ちるんじゃないだろうか。風味によるものだとか、カフェインの働きだとか、紅茶を飲まないと文章を書けない理由はいろいろあるのだろうけれど

も、とにかく紅茶が、自分が文章を書く上での一種のトリガーになっていることは確かである。逆に言うと、紅茶を飲んでいない時のわたしは、いつにもましてろくな文章を書かないし、書き始めてもすぐにやめてしまう。そもそも、書き出すことができないかもしれない。

文章を書く上でだけでもなく、だらだらしがちな休みの日に、なんとか布団から出て活動を始めるためにも、紅茶は役に立ってくれている。基本的には、何もかもおっくうで動きたくないのだが、そのまま日が暮れて夜になるのも後悔するので、とにかく紅茶を淹《い》れればましになるよ、と自分に言い聞かせて、電気ポットに水を入れにいく。そして、布団の上に座って、二口三口啜《すす》ると、ああ今日は休みだ、本でも読むか、買い物にでもいくか、という実感が湧き上がってくる。眠りこけているうちに冷たくなっていた脳みそが、少し熱めの風呂に入って目覚めるような感じだ。

本書は、大阪の西梅田の果て、阪神高速と堂島川の手前にある紅茶屋さんである「ムジカ」のオーナーである、堀江敏樹さんによって書かれたものである（現在は芦屋に移転）。

わたしは、お店事情には疎《うと》いのだけれど、「ムジカ」はたぶん、関西でも有数の紅茶の店なのではないか。京阪神エルマガジン社が出版していたムックである「お茶の店」でも、巻頭の扱いだった。わたし自身は、普段飲みの紅茶について、数年間いろいろと放浪したあげく、最終的にこのお店の「モーニングブリーズ」という300グラム一〇五〇円のセイロンティーに落ち着いた。安価でおいしい。水のように飲んでいる。まったく飽きない。

『紅茶で遊ぶ観《み》る考える』というタイトルの通り、堀江さんが、シンガポール、ニュージーランド、インドなどで体験してきた現地の紅茶に関する習慣や、自動販売機などで売られている缶に入った紅茶に対する複雑な心持ち、ほか、粉から作るインスタントティーや日東紅茶の広告についての興味深い考察などのコラムで成り立っている本である。読んでいて、いいなあ、と思うのは、紅茶の宗主国的な立場であるイギリスでの飲まれ方などについて、「こうあるべき」的な解説をするのではなくて、シンガポールやニュージーランドという、紅茶のイメージからはかけ離れた国での、庶民による紅茶の飲まれ方や、反対に原産地であるインドではどうか、という、地に足の着いた、とても実際的でざっくばらんな視点から、紅茶の習慣というものが浮かび上がってくるところである。それは、気取らない服装にエプロンを付けて、柔らかい口調でお給仕をしてくれる「ムジカ」という店の雰囲気そのものにも似ている。改めて、紅茶はあくまで庶民の飲み物で、スノッブな気分になるためのものではなく、日常に寄り添ってくれるものなのだと思える。

個人的には、飲み終わったら路上に捨ててもいい（！）という、インドの「クリー」という素焼きのチャイ容器について、ニュージーランドのモーテルにおける、お客にミルクティーを作って飲んでもらうための牛乳のサービスなどについての記述がとても興味深かった。粉末のインスタントティーや、国産ブランドの紅茶に関するお話も身近で、とても参考になる（そうなのだ、日東のは粉のも葉っぱのも普通においしいのだ）。再読して、なにはなくとも紅茶を飲める今日に感謝したくなった。穏やかに幸せな本だと思う。

生活図鑑

『生きる力』を楽しくみがく

おちとよこ／文、平野恵理子／絵

１９９７年　福音館書店

「叡《えい》知《ち》の結晶」とでも言いたくなるような、生活に関するあらゆる事を網羅する、密度の濃い、そして尊敬すべき一冊である。３８０ページを越える厚さに対し、「食・衣・住」の三つに大別された１５０を越える項目が、基本的なことからややマニアックなことまでひしめいている。たとえば「食」に関してだと、ご飯の炊き方から、農薬・添加物の落とし方、ナプキンの折り方まで、「衣」では、洗濯の原理に始まり、シミ抜きのコツを紹介して、ゆかたのたたみ方をも説明する、そして「住」は、そうじの心構えから説き、ダニ対策について諭《さと》し、カツアゲにどう対処するかを教えてくれる。

分厚い家庭科資料集といえばそれまでなのだが、わたしが小学五年から高校三年まで配布され続けた家庭科の教科書の目の滑る感触、というか、平坦《へいたん》さはない。家庭科の教科書で、わたしが何度も見た部分は、布の種類だとか、調味料の調合の比率といった、どちらかというとデータ的なことで、メインの文章であらわされるＨＯＷの部分には意外と興味が持てなかったのだが、この本は、平易で説明的すぎない文章、目をひく大きめのわかりよいイラスト、そして、基本がこなせるようになればこんなこともできるよ、という心躍《おど》る応用の実例と、詳細なデータが収録されている。

というと、小さい字が所狭しと詰め込まれた本のような気がしてくるかもしれないが、Ａ５サイズ、見開きでＡ４になる誌面は不思議とゆったりしていて、カビについてならカビについて、自転車のパンクの直し方ならそれについて、飽きさせずに余すところなく読ませる。推測にすぎないのだが、相当何を載せて何を載せないかが考え抜かれているのではないだろうか。

大きなページに膨大《ぼうだい》な情報がひしめいている様子もわくわくさせるものがあるけれども、

Ａ４の幅の中に、きっちり見出しの分だけの情報がおさめられているこの本には、あっちからこっちへ、下着のたたみ方からおいしいお茶の入れ方まで、さらには水道の蛇口の修理方法まで、と、少しずつつまみ食いをしながら移動するブラウジングの楽しみにも満ちている。どこから読んでもよいので、時間つぶしとしても、非常に上質なコンテンツになってくれると思う。実際、わたしはこの本をぱらぱらめくり始めると、三十分はずっと眺めている。そこで得た、べつに直近で必要でもない、くずもちの作り方や、ペンキの塗り方についての知識は、べつに日常生活で使われることもないまま脳味噌の隙間《すきま》に埋もれていくのだが、それらは確実に、わたしの頭の中を豊かにしてくれる。この本には、その厚さに見合う、いやそれを上回る豊穣《ほうじょう》さがある。生活していることとは、こんなにも様々な要素で構成されていて、そして奥深いのだ。そのことを、よけいな美化や力みを排して、ただ「人はこういう行為をして生きている」と詳細に説明してみせることで気づかせる。そこにはある種の美しささすらある。

この文を書くために本を読みなおしていて、「台所菜園」（３３８ページ）の項目が、改めて目を引いた。ダイズのもやしやゴマのもやし、クレソン、タマネギ、ニンジンの水栽培について紹介しているのだが、卵のからに顔を描いて、その中でゴマやアルファルファを育てることも提案している。まるで髪が伸びるように見えてユーモラスでいい、とのことだ。とてもつつましく、目を見張るようなアイデアではないけれど、細密でまじめなイラスト群の中で、その卵は思わず笑ってしまうようなキュートさをたたえている。

ご飯を炊くことも、自転車に空気を入れることも、服の破れ目を繕《つくろ》うことも、すべては日常である。しぶしぶこなしているものもあるし、ただ惰性でやり続けていることもある。それを言葉とイラストにして再構築することによって、ああ、こんなにおもしろいことだったんだ、とこの本は気づかせてくれる。たとえ実践される機会がなくても、この本から得た知識は、生活をするというあまりにもそこにあることを、少しだけ、しかし着実に輝かせてくれる。

暮らしのヒント集

暮らしの手帖編集部

2009年　暮しの手帖社

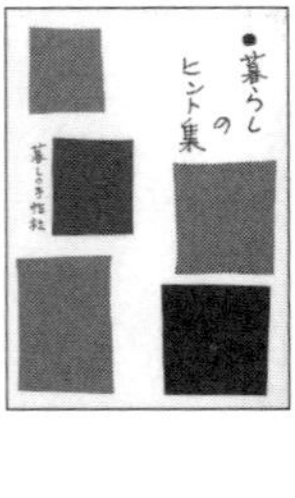

受け身的に耳目にしたことには従わない方だと思う。なんというか、人にのせられてお金を使わないぞ、という貧乏性がしみついているのか、だいたいのことは疑ってかかる。たとえば、朝にバナナを食べることがダイエットにいいといわれてもぜんぜん響かないし、行列を見かけても並びたいと思わない。逆にそれらが持ち上げられる背景を必要以上に分析したり、疑ってしまったりする。それで勝手に孤独感を感じていたりする。わたしもつかれたらすぐにブンブン飛び出せる人間だったらなあと。

良く言うと、不要な情報の扇動《せんどう》から自由でいることを心がけているのである。それでも頭の中はわけのわからない言葉の羅列《られつ》でとっちらかっているけれども。そんなふうに中途半端に情報を避けていると、だんだん自分が根無し草のように思えてきて、前述の孤独感のようなものを勝手に感じるに至る。

世の中の流れからの、親切な忠告や提案のようなものを無視する上で大事になってくることは、自分にとっての有用な情報を取捨選択することであり、他人の言うことはあまり聞かないと自分に決めているからこそ、がちがちに自分を測り、律さなければいけないという「自由」から程遠い状況に陥《おちい》りもする。だからわたしの手帳は自分を戒《いまし》めるメモだらけだ。夕飯の場所についてあまりぐちゃぐちゃ考えすぎない、とか、意見を人に押し付けない、とか、ネットをやるぐらいならごろごろしたほうがいい、とか、野菜をできるだけ食べるようにする、だとか。

人の言うことを聞くのも不自由、自分で管理するのも窮屈だというのはわがままなのだろうか。そういう悩みの中でこの本に出会ったことは、とても幸運だったように思う。四六九項目の、日々の暮らし方に関する、一〇〇字にも至らない小さなヒントが載っている。

選び抜かれた言葉による一つ一つの提案は、いい意味での抑制に満ち、ある種の詩の性質にも似た静謐《せいひつ》さを湛《たた》えている。時には強い表現が出てくるが、それは「今日こそ歯医者に行け」とかかなり大事なことだ。そしてどれも小さなことだし、いかにも実践しやすすげに書いてある。

個人的にはっとしたものを書き出してみる。

「18　今日はティッシュペーパーを使わない日と決めましょう。ティッシュペーパーの箱がなくなると部屋がすっきりします」

「136　台所に小さな椅子を置いてみませんか？　料理の合間にちょっと腰かけると、それだけでずいぶんラクになります。気分転換にもなります」

「326　家中のゴミ箱を洗ってみましょう。汚れるものだからこそ、いつもきれいにしておきましょう」

とくに18と326のものは、ちょっとショックのようなものさえ受けたので、その日にいらないハンドタオルを出してきて部屋に置くようになって、それが今でも続いているし、ゴミ箱も洗った。それで何かが劇的に変わったかというとそうでもないのだが、ティッシュペーパーやゴミ箱や小さな椅子について気がついた日から、自分の中の小さなその項目についての意識がぐんと上がるのである。そしてそれはたぶん、ずっと長い間下がることはない。なぜなら、とても日常的で簡単なことだからだ。

週に一度はこの本を眺めているのだが、たくさんの項目のヒントを咀嚼《そしゃく》しているうちに、いつも落ち着かない気分が少しおさまっていることに気がつく。「272　さみしさや切なさはいいものです。それは向き合ったりたたかうものでなく、抱きしめてあげましょう」。この項目に、この本の誠実さが集約されているのではないかと思う。抱きしめるといったってどうしたらいいのかはわからないのだが、至らない欠けた自分を、問い詰めるのでも行動せよと煽《あお》るのでもなく、肯定せよとこの項目は言っている。大きく「救う」だとか「変える」のではなく、「ましにする」こと。しかし、生活の中でふっと体が軽くなる瞬間というのは、そのこつこつとした営為が一定量溜《た》まったときなのではないか。『暮らしのヒント集』はその小さな瞬間に届くための手助けをしてくれる。あくまでさりげなく。

この方法で生きのびろ！

ジョシュア・ペイビン、デビッド・ボーゲニクト

倉骨 彰／訳

2012年　草思社文庫

いろんな人と防犯について話していると気が付くのだが、実は防犯意識というのは一様なようでいて、ものすごく人それぞれなのである。家族内でも違う。そのことで関係に亀裂が入ったりもする。なら友人同士でなら一致するのかというと、そうでもない。大学生の頃、下宿していた友人が何人かいたのだが、その中で最も極端な二人を比べてみると、片方は、厳しく個人情報を管理し、公共の場では決して鍵を出したりしない（扉を連想させることさえ許さないという感じだろうか）、と頑なに決めているぐらい防犯に意識的だったのだが、もう片方は、空気がこもるので窓は開けたまま寝る、と言っていた。前者の

厳しい友人やわたしは、その話を聞いて、頼むから寝るときは窓は閉めてくれ、と強く言ったのだが、彼女はのらりくらりとかわすばかりだった。そして、どこかあっけらかんと、「最近、家に帰ると同時にＦＡＸが流れてくる」といった恐怖体験を話してくれた（この女性は、今は結婚して家族と暮らしている）。我々と彼女の間には、「怖い」という感情の総量をめぐって、深刻な違いがあった。

人が、自分は当たり前に身を守っているんだ、としている水準はまちまちである。あまりにそれぞれが違いすぎて、「身を守ること」は、趣味の一ジャンルとしてもいいようにすら思う。園芸、とか、ハイキング、とか、クラブ通い、といったものと並列の「身を守ること」である。そして、身を守ることにこだわる人の根底には、「危険への興味」があるように思える。件《くだん》の防犯意識の高い友人は、怖い話も好きなのだそうだが、これは裏腹のようでいてけっこう納得できる話である。怖い話を好むのは、実は人間の本能で、怖い話に興味が持てないと、大昔の生活様式では、あの森のあそこに落とし穴があって危ない！　というようなことを知るすべがなかったから、とも聞いたことがある。その友人は、おそらく危険への本能が非常に強いのだろう。余談だが、わたしも、ヒグマが怖くて、クマ情報を漁《あさ》りまくっていた時期がある。本書で取り上げられているように、死んだふり、目鼻にパンチ、鈴によるクマ除《よ》けはもちろん、「人間を襲って味を占めたクマに鈴の音は逆効果」という情報までも吸収し、ならどうしたらクマに遭遇した時に確実に逃亡できるのか、としばし絶望的な気分で暮らしたりしていた。

本書は、防衛本能の強い怖がりが怖い話を好む、というもってまわった段階はすっ飛ばして、怖いこととその防御法の剛速球のみで構築されている、大変エッセンシャルでソリッドな一冊である。もうのっけから「流砂に足をとられたとき」という、なかなかありえない状況の危険について説明してくれる。次が「ドアを蹴破って室内に入るとき」である。いつあるんだそんな機会。「建物からゴミ収納庫に飛び降りるとき」などは、日常生活ではほとんどありえないものの、映画やドラマではおなじみのシーンで、危険にまつわる想像力を刺激してくれる。「サメが向かってきたとき」や「走る列車の屋根を移動するとき」の項も良かった。

非日常的な危険ばかりではなく、「車ごと水中に落ちてしまったとき」や「落雷に遭《あ》ったとき」についてなどは、とても実用的な知識だと思う。特に、車ごと水中に、は、近年の豪雨や津波のことを考えると、まったく非現実的な、二時間ドラマの中だけの出来事ではなくなってきた。車が大量の水に晒《さら》された際には、一刻も早く脱出することが望ましいので、とにかく窓を開けることが大事らしい。車が密閉されていると、外部の水圧でドアが開かなくなってしまうので、水ぎわや氷の上を走る際には、窓を少し開けて運転するのが良いそうだ。落雷に関しても、雷の近さについての参考として、「稲妻が光ってから雷鳴が聞こえるまでの時間が三十秒以下なら、ただちに安全な場所を探す」などと具体的な情報を提供してくれる。

読み物的な危険と、日常的な危険の両方について、さまざまな角度から教えてくれる本書は、良くても悪くてもどんな気分の時でも読める。しょっちゅうそう言って本をほめているのだが、危険についてそういう読み方ができるというのは、とても良いことではないだろうか。生活の中には、どんな危険が待ち受けているやもしれない。それらについて、厳粛に思いを馳《は》せることは、実用性と純粋な興味深さを兼ね備えている。この本と同じように。

図解!! やりかた大百科

役にたつ（かもしれない）438の豆知識。

デレク・ファーガストローム、ローレン・スミス

和田侑子／訳

２０１１年　パイ インターナショナル

いくつかの美術館のミュージアムショップに行くたびにこの本が目に付いていたのだが、どうせおもしろいだろうから後回しでいい、と考えていたところ、機会があったので購入した。やはりおもしろかった。予想以上だった。この厚さでフルカラー、美しいイラストで説明される、役にたつのか、アホなのかわからない４３８の豆知識。これで税抜一九〇〇円はかなり安いと思う。

あんたは本当にこういう雑多な項目に分かれたどこからでも読める本が好きだな、と言われそうなのだが、実は通読をおすすめする。のっけから「タイヤブランコのつくり方」

だったりして、いらない！　作れる場所もない！　と笑いながら思ってしまうこと請け合いなのだが、一冊丸ごと読み通すと、意外な項目に自分が食いついていることに気がつく。自分でふせんを貼っていて驚いたところは、「339　主な船舶用信号旗の意味」と、「372　素手で魚を獲《と》るには」という項目である。まず旗だが、どれもたまらないような意味深さを秘めていて、息を詰めて読んでしまう。赤と白と青のフランス国旗みたいなデザインが「この船を避けよ」、赤と白の二段の市松模様が「進路に危険あり」、赤と黄で斜めに分かれているものが「人が海に落ちた」、黄色一色が「この船は検疫済みである」など、船（ヨット）に乗らない人からしたらただの豆知識に過ぎないものの、いったい何があったんだ、と思わせるストーリー性が、一ページに凝縮されている。もちろん赤と黄色で斜めに分かれたものはごめんだが、旗を出したさにヨットに乗るのもいいかな、などと生まれて初めて考えてしまった。そして、素手で魚を獲るには、横たわって水に腕を浸し、指をくねくねと動かして、魚が興味を持ってやってきたところを捕まえ、岸へと投げ飛ばすのだという。なんという単純な……。実際にやってみると、二時間ぐらい指をくねくねしないといけないような予感もするのだが、とにかくわたしも川に腕を入れてくねくねしてみたい。魚、食べられないのに。

他にも、衝撃的だったり、笑えたり、自分を発見したり、さまざまな項目があったので以下に挙げる。頭からページをめくっていって、最初に目を付けた項目がミラーボールのつくり方だった。その後、クス玉のつくり方にもチェックをしているので、どうも天井から吊《つ》るものを自分は作りたいらしい、ということがよくわかった。ミラーボールのある場所にも行きたくないし、クス玉を割るあてもないというのにである。天井から吊るものの裏方に徹したいということか。じゃがいも時計、という言葉はこの本で初めて知った。なんとじゃがいもは電池になるらしい。じゃがいもの片側に釘《くぎ》を刺し、もう片側に銅線を差し込んで、時計とじゃがいもをつなげると時計が動き出すのである。えらいことである。飲み物別のカフェインの含有量を視覚化した図も重宝すると思う。コーヒー一杯は紅茶二杯分で、緑茶四杯分で、ホットチョコレート十七杯分だそうだ。また、セクシーなスモーキー・アイのつくり方（原文ママ）も、改めて参考になる（すんのかよ）。トイレのつまりの直し方、髪からガムを取る方法は、生きていく上でマストな知識だろう。更に、飛行機のベストな座席の選び方という図は、飛行機に乗り慣れていないわたしからしたら役に立つの一言に尽きる。「眠りづらい」とか「トイレに近すぎる」など、座席が八種の特徴に色分けされ示されていてわかりやすい。また、火を吹くには、という解説も、いつかは役立ってくれるだろう。

ここにざっと挙げただけでも、サバイバルの方法、何かを作る、飲み物を飲む、メイクの仕方、生活に役立つ知識、移動のコツなど、ジャンルは多岐に渡る。読了後、人間はほんとにこんなにいろいろなことをして、いろいろなことができる可能性を秘めて生活をしている、ということに感動すら覚えるのである。人間の営みの興味深さ、その豊かさが凝縮されている一冊と言える。何もかもつまらない？　気持ちはわかるけど、この本を読んだら、ひとつはやってみたいことが見つかるんじゃないか？

最後に重ねて言うが、イラストが素晴らしい。わたしは刺繡《ししゅう》をするのだけれど、実はその図案にしたい図がたくさんあった。眺めるだけでもうきうきする一冊。

刺繍のエンブレム

atsumi

２０１１年　文化出版局

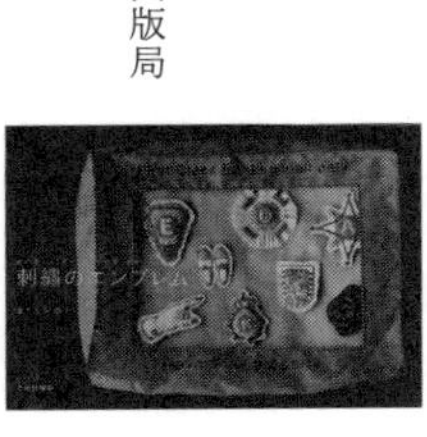

学校で授業があった頃は、家庭科が好きではなかったはずなのだが、大人になってから針と糸を持って何かをするのがそんなに苦痛ではなくなった。といっても、抵抗はないといったぐらいで、必要に迫られたら布の補修をするぐらいだったのだが、このところはずっと手芸的なことをしている。二〇一二年の秋に、思い切ってタティングレースに手を出したのを始め、ソチ五輪のスノーボード競技でフィンランドの選手のコーチが編み物をしていたら編み物をやり、今は刺繍をやっている。というか、タティングレースの前にもしばらく刺繍をやっていたので、刺繍に戻ったというべきだろうか。

刺繍枠（ユザワヤで四二〇円）を買ってから、ほとんど毎日のように、針で布をぶすぶす刺している。仕事の後に、録画した海外ドラマを観ながら手を動かすのにちょうどいいのである。また、手芸はストレスにも良いと言われている。うそかまことか、ＰＴＳＤのような重い症状にも、そのつらさを和《やわ》らげる効果を発揮してくれるらしい。

そうやっていろいろ刺してみても、一定数を突破したら、ふと、こんなに刺しても何に使ったらいいのかわからないな、という悩みに突き当たる。任意の布に刺繍をした上で小物を自作するというのがおそらく正統派と思われるのだが、わたしは好きな図案を衝動的に一枚の布に刺しているだけという無計画さなので、切り取って別の服や布小物に縫い付けるか、接着芯などを使ってワッペン化するか、でも一か所にずっとくっつけてしまうのも抵抗があるんだよなあ、とぐずぐずしていた。そこで悩みを解決してくれたのがこの本である。簡単なバッヂみたいなものにしてみたらいいんじゃないの、と。

大学生のころから、刺繍の本はぼつぼつ買い続けているのだが、この本はその中でももっとも刺繍に対するハードルを下げてくれた本であるといえる。布に接着芯を重ねた方がいいけど、一緒に刺繍枠にはめるだけでアイロンは使わない、一針の距離を揃《そろ》えるのが難しいアウトラインステッチではなく、単なる半返し縫いといえるバックステッチで輪郭を刺していい、ピンもそのへんの安全ピンで結構、布の端も切りっぱなしで、ほつれ止めを塗るだけでよい、アフロにサングラスのおねえさんを刺したければ刺してよい。自分が所持している本の範囲のこととはいえ、以上の要素はちょっと革新的と言える簡単さである。特に、図案さえ良ければ、単にバックステッチでそれをなぞるだけでも、刺繍らしいおもしろい作品が出来上がるということが、この本を元に一つ二つ刺してみるとよくわかってくることは大きい。あのステッチもできて、このステッチもうまくできないといいものは刺せないよ、という圧力がまったくないのだ。

手芸でも料理でも、何か作ろう、と本を読んだのに、ああでも難しそう、無理かも……、と腰が引けてしまって結局何も作れない、という転倒した現象は本当に無駄だなと思う。やってみようと思ったのなら、失敗を恐れて何も作らないよりは、下手《へた》でも作ってみる方がいい。この本は、一見複雑な図案を取り上げているようでありながら、要求してくることは最小限である。ステッチの中でもかなり簡単なほうである八種類のステッチを刺せるようになれば、作品は作れる。そして、簡単に刺せるものながら、ひとつひとつの図案がとてもかっこよくて、著者の個性がみなぎっている。尖《とが》っている。この本の、電球や、くらげや、寝転がる人などの図案を眺めていると、この図案を刺したいという気持ちと同時に、いいなと思ったものなら何を刺してもいいんだな、と自由な気持ちになる。

きれいでていねいなものは、技術を身につけて訓練を積まないとできないものなのかもしれない。けれども、へたくそでもおもしろいものならいきなりでも作れる。それを何度も繰り返して、技術はついてくるものなのではないだろうか。自分の腕がどうのこうのではなく、針と糸は、最初からそれなりに仕事をしてくれるのである。自分が下手だからだめ、というのではなく、刺繡という知恵を信じなさい、ということなのかもしれない。

第三章　開いたページを読んでみる

ワーズ・ワード　コンパクト版

ジャン＝クロード・コルベイユ、アリアン・アーシャンボウ

長崎玄弥／総監修

1997年　同朋舎出版

大学生の頃はお金がなかった。といっても、実家暮らしなので、切羽《せっぱ》詰《つま》った、本当の意味での「ない」ではないのだけれども、学校が遠かったのと、図書館学課程の単位を取らなければいけなかったので、アルバイトをするにもなかなか無理があり、ちょっとした文章入力をしたり、関西ローカルの局が作るテレビやラジオの番組モニターをやったりして小遣いを賄《まかな》っていた。ときどきは、本を買うお金が足りなくなって、親からもらう昼ごはん代から出していた。幸い、大学の学食は、安くてそこそこのボリュームがあるものばかりだったので、それでも特に苦もなくやっていけたことにとても感謝している。

アルバイトをする隙間がうまく捻《ひね》り出せないわりに、通学時間だけは無駄に長かったので、本を持ち歩くことは必須だった。行き帰り×週五日×約九〇分の長い時間は、本を次々に食い散らかしてしまい、購入するだけではもちろん足りなかったので、よく図書館に行った。学校の図書館からも、地域の図書館からも本を借りていた。わたしの読みたい本は、あまり貸し出し中にはなっていなかったので、図書館は自宅の書架のようなものだった。そこで見つけて手元に置きたいと思った本は、だいたい購入していた。『ワーズ・ワード』は、そんな中にあって高嶺《たかね》の花だった。目次など、一部モノクロの部分があるものの、ほぼオールカラーで800ページを越す内容の本は、昼ごはん代をちまちま節約したところでぽんと買えるものではなかった。

そもそも『ワーズ・ワード』と出会ったのは、高校の図書館でだった。生まれて間もない赤ちゃんぐらいはあるんじゃないかというぐらいに重い愛蔵版を、昼休みになると毎日のように引っ張り出してきては、「インターチェンジの主な種類」の項目を眺めながら、「クローバー型、ロータリー型、ダイヤモンド型、トランペット型か……」と呟《つぶや》いたり、洋式便器の断面図を凝視したりしていた。十数年前の当時は、まだありがたがられていたCGによる詳細なカラー図の鮮やかさ、そしてそこに添えられた、錠前におけるあのはみ出してくる部分のことを「デッドボルト」といい、錠やドアノブがはまっている金属の部分全体を「鍵座」というそうだ、などという詳細な名前の表記には、ほとんど神秘性すら存在していた。高校生のときに手にした本では、その後の人生に最も強い印象を残した一冊ともいえる。

大学生になって何年かが経《た》ち、やっぱり小説が好きだし小説を書こう、と思い立った時に、自分に必要なのではないかと真っ先に考え付いたのは、類語辞典と『ワーズ・ワード』だった。大学生の時に、類語辞典は二冊買ったけれども、両方とも二千円以下で手に入れたと思う。それと比べて、高校の時に図書館で眺めた『ワーズ・ワード』は高級品だった。だから、梅田の紀伊國屋書店でコンパクト版を発見した時のうれしさというか、扉が自分に向かって少し開いた時の喜びは忘れられない。あの、人間の営みの神秘を記し、可能な限りその名前を収集した価値ある本が三千円である。

それでもやっぱり高いのは高いので、小遣いに余裕はなかったのだけれど、ローカル番組のモニターの仕事で得たお金（月一万円ぐらい）から出して購入した。モニターの仕事は、毎月提示されるテレビ番組なりラジオ番組なりを見聞きして、原稿用紙数枚分の感想を書いて参考にしてもらうというもので、原稿料とは言えないけれど、文章を書いてもらったお金で、これから文章を書いていくための本を得たことの誇らしさのようなものは、今も覚えている。

それから十年以上経ち、『ワーズ・ワード』は今も調べものに使っている。Googleはたしかに万能に近いけれども、一覧性では『ワーズ・ワード』の方が未《いま》だに勝っている。そして何より、この本はとても美しい。きれいな景色や容姿に恵まれた人々、技術の粋《すい》を凝《こ》らした絵画や工芸品など、視覚的な幸福は数有れども、『ワーズ・ワード』は、そういったものに触れなくても、ただそこにある物の中に、美は存在するのかもしれないと感じさせてくれる。

妖精Who’s Who

キャサリン・ブリッグズ

井村君江／訳

1996年　ちくま文庫

図鑑の好きな子供だった。今も好きだけれども、小学校に入った当時はやや飽きていて、代わりの「生き物の図と生態」が記されたものとして、妖怪事典に夢中になるようになった。しかし、親がどうも気味悪がりそうで、妖怪事典を買ってくれと言い出せなかったわたしは、学校の図書室や、何故か教室に置いてあった妖怪の本を食い入るように読んでいたように思う。祖父母は、わたしが買う本がなんであるかにあまり興味はなかったので、母親に隠れて妖怪事典のようなものを買ってもらい、やはり固唾《かたず》を呑んで眺めていた。

小学校高学年になると、ファミコンに手を出し、ドラクエをやり始めたので、攻略本も購入したのだが、熟読するのはモンスターの図録ページだった。要するに、妖怪事典のようなものへの興味は続いていた。

どんどん実際的なものを求めるようになり、「この世にないとされているもの」に対する興味が薄れてゆく思春期を経たのち大人になると、そういうものは読まなくなるのか。そんなことはない。今読んでいる『遠野物語』は、まさに妖怪と怪異のカタログだし、この『妖精 Who's Who』は、子供の頃夢中になっていたものよりも更にヘビーな代物である。今回、この文章を書くにあたって読み直したのだが、どんどん読みたいを通り越して、読むのがもったいないという境地にまで達し、しかし読まないことには書けないので、舐《な》めるようにじりじりと目を通した。至福の時間であった。

イングランド～ウェールズ～スコットランド～アイルランドに伝えられている妖精と、彼らにまつわる話を集めた本である。１０１項目あり、分量としては充分だと思う。頭から順番に読むのもいいけれども、何か読みたい時、でも短編を読むのもちょっと敷居が高い時などに、ちょくちょく拾い読みしていると、気がついたら夢中になっていること請け合いである。そしてどんな気分の時でも読める。気楽な時にはもちろんのこと、落ち込んでいる時にも、単純でどこか人間臭い妖精たちの営為は、読者を慰めてくれるに違いない。事実わたしは、本当に何も読みたくない時、何も見たくない時に、この本をぱらぱらとめくることにしている。まだ人間が未開でありながら明快な暮らしをしていた頃の、家事や農作業や旅にまつわるさまざまな思いが、妖精という空想上の生き物に託されて活き活きと立ち上がってくるさまに触れていると、いつの間にかフラットな気持ちになり、元気が出るというわけではないけれども、もう少し休んだらまた立ち上がれるかも、と思えるようになるのだった。

好きな妖精を挙げるときりがないのだが、何度目かの再読では、取り換え子（チェンジリング）の項目が非常に印象に残った。人間の赤ん坊に取り換えられて残されるのは、一例目が人に見える丸太、二例目が成長しない妖精の赤ん坊、三例目が、年取ってくたびれきった妖精である。「終ることのない生活にあきあきして、世話をしてくれる母親の腕の中で休むことだけがうれしく、甘え、いつまでも可愛がってもらおうというのである」とのことで、間抜けな話だが、非常に共感してしまった。不死であることに疲弊《ひへい》する妖精もいたのだろうか。しかし、取り換え子を信じるという社会情勢は、現実の子供たちには厳しく、病気になっては妖精ではと疑われ、疑いを掛けられると、また妖精が取り戻しに来るからと虐待されたりしたのだそうだ。ここに、人間の親達の、どこか普遍的な弱さを見ることができる。

他にも、神秘的な泣き女バンシー、ひねくれ者だが仲良くなると移民先にまでついてくるボーハン、家事をしてくれるのに、お礼に服をあげるとそれを自慢したさにどこかに行ってしまうブラウニー、人間の少女と恋に落ちたが故に醜《みにく》い姿に変えられながらも、人間と仕事をしようとし続けるフォノゼリーなど、魅力的な妖精が目白押しである。

チェスタトンの現代用語事典

ピーター・ミルワード／編

1988年　春秋社

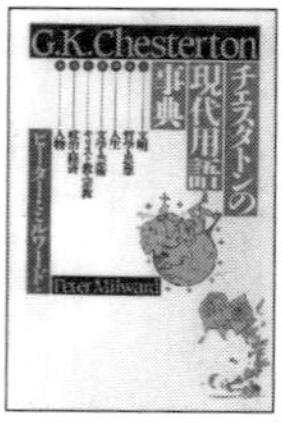

『木曜の男』やブラウン神父シリーズといった傑作をものしたチェスタトンの評論書から、大小さまざまなテーマについてコンパクトに取り出した本。思考の上での「暮らしのヒント集」といった趣があり、どこからでも読めるし、だいたいどんな気分のときでも読める。

考えることを他人任せにしていると、どんどん大仰《おおぎょう》で複雑で、物質的にも精神的にも資本のかかる人生になっていく、というのが、今まで生きてきた中での定説になりつつある。たとえば「A」について、知人に意見を求めるとする。知人は「A」について述べる。それが知人の主観であることは承知のこととして話を聞けばよいのだが、更にそこに、知人が「(こういう話をすることによって)聞き手に敬意を持って欲しい」とか、「少しおどかしてやろう」とか、「Aに対する不安を聞き手に共有してほしい」だとかいった不純物を混ぜてこないとも限らない。では感情で動く「人」ではなく、「A」を専門とする「機関」ならどうか、と「A」について問い合わせたりすると、その機関は、「A」について入り口のことは教えてくれるものの、話を聞くうちに、「A」を回避するため、より良いものにするための何かを売りつけてこようとするかもしれない。人も人でないものも、油断のならない場合がよくある。だったら自分で考えた方が、しがらみもないし自由だし楽だと思う。操作され、翻弄《ほんろう》され続けることを良しとするんなら、それもいいかもしれない。一喜一憂して、それはそれで起伏に富んだ楽しい人生かもしれない。けれどそれは疲れるなあ、と思うわたしのような人に、本書は非常に強い切り札になってくれる。この本は、問題集というわけではないのだが、チェスタトンという、二十世紀始め頃のイギリスで生きた大変おもしろいおじさんの、厳粛《げんしゅく》なんだけれども、どこかゆるくて風通しのいいものの考え方における、その角度のつけ方、思考の運びなどを、ページを繰るごとに学べるようになっている。ははあ、こんなものの見方があったのか！　おもしろそう！　と、単純に思えるわかりやすさが全編に満ちていて、わざと物事を難しく言って、何かを思い通りにしようなどといった詭弁《きべん》からは遠く離れている。

一項目ずつは、ほとんどが二ページ以内で、テーマは小分けにされており、非常に読みやすい。かく言うわたしも、春秋社刊のチェスタトン著作集全十巻にしっかり挫折したくちなので、あの膨大な文章の山の中から、これだけの閃《ひらめ》きに満ちた意見の山が拾い上げられ、一冊にまとまっているというのはとてもありがたい。

わたしが十代の頃に読んで、とても感心した「自殺者」という項目には、以下のようにある。「自殺者が殉教者の正反対であることは誰の目にも明らかである。（中略）これにたいして自殺者は、自分以外の何物にもあまりに関心を持たぬ結果、もうこれ以上何も見たくないと思う人のことである」。膝を打った。なるほど。自分のことしか考えられなくなった挙句、自分を殺すというところにまで至るのかと。「自慢」もいい。「比較的に言って、人格をそう傷つけない自慢は、自分自身にはまったく名誉とならないようなものについての自慢である。したがって、自分の国を自慢することは少しも害にならないし、はるか遠い先祖を自慢することも比較的害にならない」。この後、財産、知恵、と害の度合いは増すとチェスタトンは述べて、最後に一撃をくだす。「そして、地上でもっとも貴いもの――善を自慢するのはいちばん悪い」。

再び読み返してみると、「偏狭」という項目の強烈な言い当て方に息を呑んだ。「偏狭とは意見を持たない人間の怒りである、と大ざっぱな定義を下すこともできよう。それは、明確な思想に対して、度はずれに不明確な思想を持つ朦朧《もうろう》とした巨大な人間集団から向けられる抵抗である。無関心な者のすさまじい狂気と呼んでもよい」。これはあまりに覚えがある様子ではないだろうか。チェスタトンは更に断じる。「世界を業火《ごうか》と圧政で埋めたのは、そんなことどうでもいいと思っている人間だった」。

ありきたりではない方向から普遍を掬《すく》い取る力。この本には、チェスタトンのその稀有《けう》な才能が凝縮されている。悩める時にもそうでない時にも、開くと良いと思う。

ギリシア神話小事典

バーナード・エヴスリン

小林 稔／訳

1979年 現代教養文庫

わりとギリシア神話を読む。「わりと」付きなのは、すごくギリシア神話を好きかというとべつにそうでもないし、ぜんぜん知らないわけでもない中途半端な立場だからである。小学校低学年ぐらいの時に、星座のことについていろいろ調べるのが好きだったので、その関係で子供向けのギリシア神話の本をちょくちょく読んでいた。そのたびに、みんな勝手だなあと思っていた。ゼウスは気に入った女の人にはすぐ手を付けるし、ヘラはそんな旦那の浮気相手に嫉妬しまくりなばかりかひどいことをするし、アポロンとかアテナはわりとましな気がするけれども、自分の能力に匹敵する人間や半神が出てきたら平気で殺し

たり化け物に変身させたり最低なことをするし、アルテミスは短気でめんどくさくて残酷な女だし、アフロディテはただひたすらさしたる理由もなく浮ついてるし、ヘルメスは信用できないし、デメテルだってなんかグレーな部分をいっぱい持ってるし、ポセイドンはキレやすくて怖いし、アレスは単純におもしろくない上に残忍という最悪の物件である。自分がギリシア人でなくて良かった、と思う。わたしが昔のギリシア人なら、誰を信仰しているということにしたらいいのか、まさか無神論者と説明するわけにもいくまい、とたまに戦々恐々とし、そのたびに、かまどの女神で家庭生活と孤児を保護したというヘスティアを信仰していますということにしよう（次点は鍛冶《かじ》の神のヘパイストス）、と決めている。ちなみに、誰にもそんなことは訊《き》かれたことはない。

そんなにひどい登場人物ばっかりのギリシア神話だが、それでも読んでしまうのは、言うなれば週刊誌っぽいというか、ワイドショーのようだというか、スポーツ新聞の芸能面みたいな、自分の心の怖いもの見たさや尾籠《びろう》な興味を安定して満たしてくれるからなんだろうか。いちばんギリシア神話を読んでいたのは小学生の頃だったけれども、それからも、手の届くところに関連の書物を置いて、暇だけど何にも考えたくない時、まとまった読書をする気力が起こらない時など、折に触れてはだらだら拾い読んでいる。そういう読み方も、なんだか芸能ゴシップ欄みたいだ。

この本は、そんなギリシア神話に登場する無数の人物に関する人名事典と言える。ギリシア神話は、登場回数がすごく多い神様（ゼウスとかヘラとかアフロディテとか）から、唐突に登場する出自がよくわからないチョイ役もいるのだけれど、そういう人たちも網羅してくれているありがたい本であるといえる。

ぱらぱらめくっているだけでも、すごくへんな人物（神様）が出てきて面白い。たとえば、さっき開いたページに出てきた、プリアポスという豊穣を奨《すす》める小神は、アフロディテと酒の神のディオニュソスの息子なのだけれども、奇形でいたずら好きであったため、両親から愛されず、自分を見て逃げ出すニンフがいると（ほぼ全員らしい）、自らの男根を切って投げ槍《やり》のように投げつけていたらしい。なんだこの人。男性器が再生するというのは豊穣の神なのでありうるかもとして、自分を避ける女子がいたらそれを投げて攻撃するとか、アグレッシブすぎるだろう。女子のへんさも負けてない。サルマキスというニンフは、ヘルメスとアフロディテの息子であるヘルマプロディトスにふられてちょっとおかしくなり、「私の体を彼の体にくっつけて欲しい」などとよくわからないことを願い、そしてなぜか聞き入れられ、ヘルマプロディトスは両性具有者になり、両親をたいそうがっかりさせたそうだ。このへんになると、もうゴシップ欄というより、世界びっくりこぼれ話という感じになってくる。なんだか軟派なニュースポータルサイトみたいだ。そりゃ暇つぶしにぴったりなわけだ。

そういった、怖いもの見たさと失笑の狭間《はざま》にも、たまに知り合いにいてもいいような興味深い人物もいて、膨大な登場人物の中からそういう人を探すのも面白い。全員が怖いとかへんなのではなく、ときどきいい人がいて、応援したくなるのだがだいたい報われない、というところは、何か現実社会にも似ている。ちなみに、昔読んだ「風の谷のナウシカ」(たぶん一巻)の後書きによると、宮崎駿《みやざきはやお》さんは、この本のナウシカの項を読んで、主人公に名付けたそうだ。パイアケス人の聡明な王女ナウシカは、歌がうまく、足が速く、浜辺に打ち上げられた英雄オデュッセウスを助けた。嫉妬深くもなく、好色でもなく、攻撃的でもない、人間のスケールでいう「いい子」と見受けられ、最初の女の吟遊詩人になったとか、オデュッセウスの息子と結婚したと言い伝えられているそうだ。彼女はたぶん不幸にはならなかったと思う。

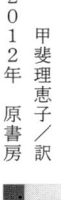

図説 世界史を変えた50の動物

エリック・シャリーン

甲斐理恵子／訳
２０１２年　原書房

タイトルの通り、五十種の動物と人間との関わりを、美しい図版と興味深いよみもので構成した重厚な本である。イヌ、ネコ、ウマ、ライオン、ハクトウワシといったメジャーな動物も多数取り上げられているけれども、同時に、住血吸虫、ヒル、カイガラムシ、シンジュガイなど、人間と関係が深いけれども大メジャーというわけではない動物たちも、人気のある動物と同じぐらいのページを割かれて説明されているところが大きな特徴と言える。

通常の動物図鑑とは違い、対人間という視点に絞られて語られている本であるせいか、じっと読んでいると、取り上げられている動物たちがまるで神話の神々のように思えてくるのである。人間に富をもたらす者、災いをもたらす者、どちらをもたらす者、姿かたちそのものが、人間の在り方に影響を与える者、ただ傍《そば》にいて慰めとなってくれる者。エジプトで、半人半獣の神様が盛んに崇《あが》められていたことも納得できる。

興味深くない項目はないと言っていいぐらい、どの動物も重要で、神秘に満ちている。たとえば、コブラはコブラの笛の音を聞いて籠《かご》から出てくるわけではないらしい。ヘビの聴覚では笛の音が聞こえないので、籠の蓋《ふた》を開けたことによって入ってくる光や、振動に反応しているそうだ。バッタは集団になり、互いの後肢《こうし》がぶつかり合うとサバクバッタの大群に変貌し、体の色も変わる。住血吸虫が人体に入り込むまでの過程はまるでＳＦである。「ミラシジウム」として生まれた幼虫は、中間宿主の巻貝の体に入り込んで、「スポロキスト」という幼生になり、貝の体の中で変態を繰り返して「セルカリア」になる。水中に出たセルカリアは、水面の乱れ、光、人間の皮膚の化学物質に引き寄せられ、哺乳類《ほにゅう》の皮膚に頭部を潜り込ませ、胴体を捨て、「幼住血吸虫」になる……。想像してしまったら気分が悪くなること請け合いだけれども、それにしたってこの生態はまるで叙事詩のようだ。そしてわたしはヤギがとても好きなので、ヤギが「食べ物にはとてもうるさく、汚れていたり、傷んでいたり、踏みつけられたりしたものは食べようとしない。食べるのは若いアザミやキイチゴ、小枝、樹皮」という記述にはうっとりした。どんな悪路でも登ることができる健脚を持っており、好奇心旺盛で、ほとんどなんでもかじって調べようとするため、干してある洗濯物まで口にするらしい。なんという素敵な生き物か。

もう一方の主役と言える人間の所業も、時に残酷でありながら、シラミやノミの媒介する菌に、何千何万もの命を奪われるほどあやうく、しかし企《たくら》みに満ちている。サボテンにしがみつくカイガラムシを何万匹もむしって熱湯に漬けて殺し、衣服をコチニールレッドに染めたかと思うと、カイコガを禁輸にして国外に持ち出した者を死刑に処して、タマオシコガネ（フンコロガシのこと）の勤勉で合理的な姿に神を見る。瀉血《しゃけつ》用のヒルを豪華な壺にしまって持ち歩き、ライオンっていう生き物がいるらしい、と伝言ゲームのようにその姿を口承して、しまいに獅子舞《ししまい》というかけ離れたものを作り出してしまう。そして、ノミが媒介した黒死病で人口の半数を失いながら、その出来事を口減らしとして飢饉《ききん》を克服し、資本主義の基礎を築いてルネサンスに突入する。

また、ウシ・ブタ・ニワトリという食肉に利用される動物達が、すべて、メタンガスの排出や（本書には記述はないものの）狂牛病、豚インフルエンザや鳥インフルエンザなど、人間にとって不都合な現象や病気の元になっているということは考えさせられる。本書では、人類を滅亡寸前まで追いやった動物としてノミが位置づけられているのに対して、食用・実用・商用におけるもっとも重要な動物としてウシが挙げられている。わたしたちは本当に、家畜たちに感謝して生きていかねばならないのだ。

人類の他者としての動物たちに、驚きと親愛と畏敬《いけい》を覚えさせてくれる一冊である。今までも大概、ヤギとかインコとかミツバチとかヒヒのほうが人間よりえらい、と思い続けてきたけれども、ますますその思いが強くなる。

学研の図鑑 世界のチョウ

大島進一

1979年 学習研究社

iPhone / iPod touch / iPad用の絵本アプリに、「ヌカカの結婚」というとても有名なものがある。人間の価値観とはかなり異なった、昆虫や鳥や原生動物などの生殖の作法を、人間に置き換えて13エピソードの物語に仕立てる、というものすごくおもしろい構成で、最近夢中で眺めたものの一つである。その「ヌカカの結婚」には、有料版とお試しの無料版があって、無料版では、台湾～マレーシア～インドネシア～オーストラリアなどに分布し、日本では奄美《あまみ》大島以南に生息するというリュウキュウムラサキの生態を知ることができる。アプリによると、「ある特定の場所にいる」リュウキュウムラサキは、ほとんどメスしか

見つからないそうだ。そのことにはどういう理由があるのか、それがどんな物語に変異しているのか、というのは別の話として、わたしは、次々エピソードを繰りながら、これはあれの話のはず、あれ、外れた、などとにやにやしつつ、「ヌカカの結婚」では取り上げられなかったある虫の夫婦のことを考えていた。ヒレオトリバネアゲハのことである。

そんな当然のことのように言われても、とほとんどの人は首を傾《かし》げることと思うので説明すると、ヒレオトリバネアゲハとは、ニューギニアに生息するチョウの一種である。オスは、世界でもっとも美しいと称されるゴクラクトリバネアゲハに似て、上の二枚の羽は緑色の地に黒い紋様、後ろの羽は、同じく緑地と黒に黄金色が差し色になっているのだが、羽の下のほう（尾状突起というらしい）は、ゴクラクトリバネアゲハのように優美にカールしているわけではなく、カクカクと折れ曲がったいびつな形をしている。これはどうも進化が強く進みすぎた証拠らしく、オスは飛ぶことができないらしい。メスは、焦げ茶に白い紋様で、後ろ羽にはくすんだ金色の差し色がある。

「世界一美しいチョウにそっくりだが、飛べない」という物語に、わたしは大変興奮したのだった。また、アゲハ関係のメスというのは、たいていオスと比べて非常に地味で、眺めていてあまり楽しいものでもないのだが、ヒレオトリバネアゲハのメスに関しては、後ろ羽の白色紋にじんわりと広がる金色が、とてもつつましくて美しいように見える。そんなメスが、飛べないオスを探して薄暗いジャングルを飛んでいるのか。深《ふけ》え。味わい深《ぶけ》え。

というようなことを、子供の頃のわたしは『学研の図鑑　世界のチョウ』をめくりながら、ずっと考えていた。両親が別居したての頃に買ってもらった本なので、たぶん小学三年の時の話だ。それを三十三歳の今でも所持していて、引っ越すときにも持っていくことが確定している。「世界のチョウ」ということで、世界中のチョウを国や地域ごとに紹介している。チョウは基本的にきれいなものとして認知されているけれども、ニューギニアと南アメリカのチョウの美しさは群を抜いていて、ゴクラクトリバネアゲハと並んで世界最美と称されるミイロタテハは、アマゾン川流域に生息しているそうだ（「成虫はくさったくだものや動物の排出物に集まる」という表記が結構残念な感じなのだが、これも生物を知るということである)。透明な羽を持ち、後ろ羽の下部にだけ色が付いているスカシジャノメ類も南アメリカにいる。

当時、世界のヒエラルキーは、すべてチョウによって決まっていた。美しいチョウがたくさんいるニューギニアと南アメリカに比べて、チョウの種類が少なくて比較的地味な日本やヒマラヤや北アメリカやヨーロッパはどうでもいい場所だった。今考えると、本当に滑稽《こっけい》なのだが、子供の頃の自分に見えていた世界がそこまで偏っていたのかと考えると、それはそれで興味深い。

大人になってから、チョウの本を買おうと何冊か手に取ったことがあるのだが、この『学研の図鑑　世界のチョウ』の一覧性や色の鮮やかさやコストパフォーマンス(B5判・計144ページのうち120ページがフルカラーで一三八〇円)を越える本はなぜか見つけられていない。木の葉に擬態するコノハチョウの羽の表面は実はとてもきれいだとか、逆にカザリシロチョウの羽の裏面がものすごくポップだとか、鳥に食べられないために毒のある別の系統のチョウに自分を似せる擬態行為だとか、チョウの生き方、在り方も多岐にわたっている。それを眺めることによってわたしは、生きていることの多様性を諭されていたと今にして思う。

ゴキブリだって愛されたい
昆虫たちの都市伝説

メイ・R・ベーレンバウム

久保儀明／訳

2010年　青土社

浮気は自らの遺伝子をできるだけばら撒《ま》きたいオスの本能なのです、などという発言を耳にするたびに、ほうほうとうなずきつつも、でもコンゴウインコは基本的につがった相手と添い遂げるって「ダーウィンが来た！」で見ましたよ、と言いたくなる。子供を生み育てることが女性に課せられた社会的な使命です、というような論調を見かけると、でも働きバチのメスって子供の世話するし自分たちの社会に超尽くしますけど出産とかしませんよね、と頭の中で呟く。わたしは、常にどう生きたら良いかを模索していて、ロールモデルを探し出したいと思っている。できれば、人間であることが望ましいのだけれども、

実はインコでもハチでもよい。それはべつに、自分が失敗した時に、だってあれがああだったのをつい真似《まね》しちゃったからわたしも駄目になっちゃったんですう、と責任をなすりたいがためではなく、人間全般の生き方を、「本能」だとか「義務」などというもっともらしい物言いにくるんで、自分の都合に矮小化《わいしょうか》して規定しようとする人々の術中から逃れたいがためである。でもセイウチってハーレム作りますよね、インコとセイウチではセイウチのほうが人間に近いですよね、じゃあ人間はインコよりはセイウチのようであるべきなんじゃないですか？　と言われるとすると、でも同じ生物じゃないですか、少しぐらい遠くたって、「いい」と思ったものの生き方を真似しちゃいけないですか？　と反論すればいいのか、などという想定問答もよくおこなっている。

何をめちゃくちゃなことを、とお考えになられる方も多数いらっしゃることが予想されるのだが、わたしはかなりの時間をさいてこういうことを考えている。同じ生物なんだもの、ミミズにもオケラにも人間にも、どこか共通しているところや見習うべきところがあるはずで、何もチンパンジーにだけ似ていればより人間らしいということはないはずなのである。

『ゴキブリだって愛されたい』というみもふたもない邦題の本書は、人間とは全然違うようで、でも似たような部分もある、愛すべき昆虫たちにまつわる、常識や迷信を、時にひたすらアホらしく紹介し、時に専門的に検証してくれる素敵な本である。

まずアホという点では、「シラミとともに生きるライフスタイル愛好サイト」を謳《うた》うウェブサイトにおける、人の陰毛に寄生するケジラミについての「ケジラミが股間《こかん》で赤ちゃんを産んで家族を作ったらすごい楽しいじゃないですか、パンツの中にシーモンキーを飼ってるのと同じことじゃないですか」という宣言と、マダガスカルオオゴキブリを生食するというさるテーマパークのイベントに寄せられた、動物の取り扱いの倫理を問題にする団体の抗議の訴状に署名した人が六百人に満たなかった、という話が白眉《はくび》である。くだらなすぎる。前述のわたしのわけのわからない妄想だか言い訳だかのようなものなんか全然普通で、元気が出る。

また、核戦争後も生き延びると言われているゴキブリが、意外と他の穀物にたかる虫よりも被曝《ひばく》に弱かった、という実験についてや、酔っ払った四十一匹のアリが、他のしらふのアリからしたら仲間なのか何なのかしっかり認知されないながら、仲間に付き添われて三十二匹はなんとか巣穴に帰り着くことができた、という、脱力するようなほっこりするような実験についても、昆虫の奥深さを身近に感じさせてくれる。

有名な、メスのカマキリが交尾しながらオスを食べてしまう、という話についても、実はオスのほうでもあの手この手で食べられることを回避しようとしていることが解説される。交尾時にオスは、自分が食べられないためにメスへの貢《みつ》ぎ物として獲物を差し出したり、また、メスに襲いかかられたときに、その獲物を盾《たて》にして逃げようと試みたりするのだそうだ。そして、即位の際に自分と同等の女王候補を針で刺し殺すという恐ろしいことを行いながら、巣の奥でただ働きバチに養われ、ただ産み続け、外の世界を見ることができるのは交尾時のみ、という女王蜂《ばち》という在り方の悲哀も心に残る。

昆虫たちのバラエティ豊かな様態は、人間にとって端的に「他者」を示しているように思える。その多様性に触れて共感したり嫌悪したりすることは、人間自体の多様性の肯定にもつながっていると思いたいのだが、どうだろう。

キリンと暮らす クジラと眠る

アクセル・ハッケ／作、ミヒャエル・ゾーヴァ／絵
那須田 淳、木本 栄／共訳
1998年 講談社

動物のほうが人間より遥《はる》かに賢いし、合理的だし、見た目も素敵だよなとは常々思っている。人間は、自分たちが生きていくための最低限はまだしも、そこそこですら満足できなくて、むやみにエネルギーを消費したり、更にそれをよそに奪いに行って争ったり、その生態はかなり貪欲で理に適《かな》っていないように感じる。なので、さっさと人間のことは見捨てて、この本のタイトルのとおりの生活がしたいのだけれども、キリンと暮らすには、日本では住宅事情が厳しすぎるし、ゾウと眠るためにゾウを飼って、三百六十五キロもの干し草を毎日調達するのは、個人としてはあまりに困難だ。というか、わたしがどれだけ

権力と金銭を持って、彼らとの生活にこぎつけたとしても、わたしみたいなズボラと暮らすのは彼ら自身が不幸に思うのでは？　と考えると、やはり遠くから眺めるだけにしよう、と諦めてしまう。それでも、動物図鑑を熟読したり、テレビで動物の様子を眺めたりしていると、どうしても、動物と暮らせたらどんなにいいか、という切望がやまない。

この本は、そういう叶えられない望みに打ちひしがれた時にそっと開いて、うふふ、とひそかに笑って憂さを晴らし、また新たに、実現不可能な動物とのくらしの夢を育てるための本である。アクセル・ハッケさんのたくましい想像力は、実際に動物と生活して彼らに迷惑をかけずとも、動物と暮らすということの楽しさに触れさせてくれる。たとえば、小さい頃に連れ歩いて、いつも一緒にいたぬいぐるみのクマちゃんと、大人になった今再会したらどうなるのだろうか？　ということ。自分が大人になったのなら、クマも大きくなっているはずなので、黙って一発パンチをくらわせるべきか、それとも抱きしめてキスをすべきだろうか？　でも、体つきと同じように性格も一変して短気になっていたら？ぬいぐるみのクマが、過去に取り残されずに成長するなんて、なんという楽しい想像だろうか。そういえば、そういう映画も大ヒットしたよなあ。みんなたぶん、子供の頃にいつも一緒にいたあのクマと、また仲良くできたらと思っているのだろう。

本書では、このクマの話のような二十六の動物に関する二十六篇《へん》が収められている。どれも、ハッケさんの独特の語り口と、各書物から話を集めてくる編集能力によって、一つ一つが優れた短篇小説のような記事になっている。キリンやゾウ、フラミンゴやペンギンのような人気のある者たちも、ゴキブリやヒキガエルやミミズのような、どちらかというとそうではない動物も取り上げられている。個人的には、ニワトリ、ウサギ、ミミズに関する話が印象的だった。ニワトリの話では、自分の卵をカモの卵とすり替えられたメンドリが、水辺に出奔してしまった雛《ひな》たちを見守るためにガチョウの背中に乗せてもらったという楽しい話が語られ、ウサギは、メスを服従させるためにオスが力いっぱいビンタをくらわせたりするということを暴露される。また、ある山林監視人が飼っていたフックス（キツネの意味）というウサギが、猟犬たちと暮らして彼らと食事を共にするうちにすっかり肉食になり、そんなフックスにキジ狩猟専門の猟犬がよりによって恋をしてしまい、しかしウサギはその気持ちにこたえてやるどころか、連続パンチを浴びせたり、とにかく乱暴ばかり働いていたという話も、猟犬は不憫《ふびん》だがどうにもおもしろい。そして、ハッケさんが飼っていたと言い張る子ミミズの話は、あまりにかわいらしいので、読み終わった今も、ときどき思い出し笑いをしてしまう。ハッケさんに親だと刷り込まれ、エーリヒと名付けられた子ミミズは、地面の中を這《は》ってハッケさんにどこまでもついてきて、ときどき地中から顔を出しては、かちゃっというようなミミズの笑い声を立てるらしい。そして霧雨の時には、地上に這い出てきて歌って踊るという。

動物が好きな人もそうでない人も、どれかの話は気に入るはずである。ミヒャエル・ゾーヴァの挿画の美しさと面白さを楽しみながら、一人で少しずつ読む至福に浸れる。

エピソードで読む世界の国243〈2014〉

エピソードで読む世界の国編集委員会／編

2014年　山川出版社

世界の国243。そんなに国があったのかとちょっと呆然《ぼうぜん》とさせられるし、内容の分量も大変なものだ。安心の山川出版社による仕事である。ぱらぱらめくりながら眺めているだけで、アホみたいに時間が潰れる。何か読むものが欲しいんだけど、まとまったものを読むのはつらい、かといってネットでは散漫すぎる、という、わりとよくあるわがままな気持ちの時にも手に取れる貴重な本がまた増えた。

わたしたちは本当のところ、世界にたくさん国があるということをどの程度の深さで自覚しているのか。自分自身に関しては、スポーツを熱心に見始めるまで、アメリカとイギリスと韓国と中国とインドぐらいしか「ある」というふうには認識していなかったように思う。しかし、それらの国以外のところからやって来た人たちが、運動したり、聞いたこともないようなリズムの言葉で話したり、ものすごい結果を出したりしているのを見て、初めて、世界にはいろいろな国があってそこに人間が暮らしていると思えたのだった。わたしが舶来のものとして消費し、海外の一端を見た気になっていた音楽や映画などは、英語圏の文化のいくつかに過ぎなかったのだった。

すばらしいのは、名の知れた大国も、聞いたこともないような小さな国家も、大きな国土の国も、小さな島も、あらゆる国と地域がほぼ平等にページ数を割かれて説明されているところである。たとえばヨーロッパだと、フランスやドイツと同じだけの比重で、モンテネグロやアンドラが語られる。この本を読んでいると、その構成そのものから、国や民族や文化には貴賤《きせん》はないんだなと思えてくる。

ニュースなどで目にした国を索引から引いてもいいし、最初から通して読んでも楽しい。心に沈んでいた思わぬことを発見する。大変お恥ずかしいのだが、個人的には、名前の感じから中東のどこかだと思っていた東ティモールが、インドネシアの隣の国だったことが衝撃的だった。わりと日本から近いのに。やっぱり、まとまった情報として得ないと、わからないこともたくさんあるのだ。また、ナポレオンが追放されたセントヘレナ島が、流刑地なだけあって確かにものすごく遠いところにあるのに驚いた。地中海のへんの小さい島とかとちゃうの？　などと軽く考えていたのだが違った。アンゴラの西、ナイジェリアのかなり南の海にある。これは遠い。

小さな国のこともしっかり扱っていると書いたけれども、特に、カリブ海の島々、アフリカの一国一国に対する丁寧な説明がすばらしいと思った。地域としてのカリブ、大陸としてのアフリカは思い描けるのだけれども、その島や国の一つ一つに、異なる文化を持った人々が住んでいて、それぞれに試行錯誤しながら生活しているということが明白になる。ギニア湾のサントメ・プリンシペ民主共和国は、最貧国ながらけっこう平等に食糧などを分配してがんばっているそうだし、トーゴも大変なのに、東日本大震災の後日本に貴重なチーク材を送ってくれたそうだ。なんだか、ぜんぜん会わないいんだけどときどき名前を聞く遠い親戚が元気にやっていると聞いたような、そんな気分になる。

個人的に楽しかった項目は、日本人女性が王家に嫁いだことがあるというオマーン、切手を輸出して外貨獲得に励むグレナダとサンマリノ、『バウンティ号の叛乱《はんらん》』の水兵の子孫五十人だけが住むというピトケアン諸島、味噌のようにヨーグルトを消費しているというブルガリア、など。しかし、どの国の記述も必見と言えるほど、バラエティと興味深い史実に富んでいる。

改めて、その内実の一かけらでも知ると、世界は多様性に富んでいて広い場所なのだ、と思い知らされる。自分の悩みがちっぽけに思えてきて、なんだか元気になる本でもある。

100の地点でわかる地政学

オリヴィエ・ダヴィド 他

パスカル・ゴーション、ジャン＝マルク・ユイスー／編

斎藤かぐみ／訳

２０１１年　白水社　文庫クセジュ

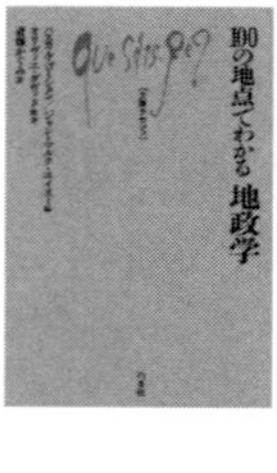

著者たちはフランスの高校や予備校で指導している教員だそうで、フランスの受験生が読む本なのだという。難しいことをやってるな、フランスの受験生……、という感じである。なんというか、受験生が読むにしては、扱うものが容赦ないのだ。世界はこんなにも争いに満ちていて、人々は利得を追っている。そういうつらさを、淡々とした記述で取り扱っている。二〇一〇年の出版なので、ＩＳやシリア内戦、ウクライナ―ロシア間の紛争のことは取り上げられていないが、それでもそこに至る道筋については明らかにされている本だと思う。

構成には工夫がなされていると思う。第一章は「パワーを発散する地点」と銘打たれ、ニューヨークやロンドン、パリ、上海《シャンハイ》が取り上げられているが、いきなりブリュッセルが二番目に登場するところはヨーロッパで出版された本だなという感じがするし、サラエヴォやアムリトサル（インド西北部パンジャーブ地方の都市）に項目が割かれているのを見ると、世界のいわゆるセンターを張る人たち（要するにアメリカ人）が自分たちの目に入る範囲まで（自分たちの利害に関係のあるところまで）を記した本ではないとわかる。

第二章は、「パワーが織り成される空間」と題され、ヨーロッパ、北米、ラテン・アメリカ、東アジア、南アジア、ロシア圏、MENA（中東・北アフリカ）、ブラック・アフリカと世界を大きな地域ごとに説明している。「一言でいえば、米国は、ヨーロッパが失敗したところで成功してみせるつもりでいる」という言葉の強烈さからわかるように、この本はその手のテイストのパンチラインを次々に繰り出してくる（受験生が読む本なのに）。東アジアを「絶対的な他者」としていることには一抹の寂しさを禁じ得ないが、MENAが世界の石油埋蔵量の三分の二を有するがゆえに「今後も主要大国の大きな争点であり続け、自立を認められることはないだろう」とされることや、中国がブラック・アフリカに進出していることについて、欧米が国の統治の倫理に対して高い要求をしてくるのに対して、中国は別にそうでもないので、という簡潔な物言いは、話半分にしておきたい気がしながらも、心に置いておいて間違いでもないと思う。また、北氷洋の重要性についてもとても興味深い。確かにあったあった、北の方に海、と言うと本当にバカそうなのだが、そういう発見がこの本にはいくつもある。

第三章は「パワーの鍵となる地点」で、ここでは物資や人やエネルギーのルートとなる地点が取り上げられている。この章には、海峡という地形の興味深さを教えてもらったと思う。アフリカとアラビア半島を隔てるバーブ・エル・マンデブ海峡は、アラビア語で「涙の門」という意味らしい、という詩的な記述におおっとなったら、もうあなたは海峡の虜である。特にマラッカ海峡の重要性については、頭を抱えさせるものがある。視界は悪いわ海賊は出るわの大変な場所なのだが、一時的にでもここを閉鎖すると、世界の石油タンカーの四分の三が立ち往生するらしい。代替ルートは、水深が浅かったりやっぱり海賊がいたりで微妙なところばかりだ。マラッカ海峡ほどの重要性はないのだが、イタリア半島とアルバニアの間にあるオトラント水道についての記述も好きだ。ＥＵの繁栄とバルカンの荒廃を隔てるという意味での分断と、アルバニアの密輸人がボートに乗って横断してくるという紐帯《ちゅうたい》の二面性についての部分を読んでいると、なぜだか泣きたくなってくる。場所というものに翻弄されながら、それに従って生きる人間の悲しさだとか、裏腹の暗い逞《たく》ましさが、短い文章から強く伝わってくるのだ。

第四章は「パワーの対決地点――係争・紛争・妥協」とされ、ライン川のような戦争が繰り返された地点から、セヴァストポリやクルディスタンに代表されるように、今まさに紛争が起こっている場所についてが紹介され、アジアの近い場所に思えるフィリピンのミンダナオ島でもイスラム教とキリスト教の宗教対立があることに驚く。なかなか聞きかじりではわからない、かといって本を読むにしてもどこから手を付けたらいいかわからない旧ソビエトの国々をめぐる争いのことがまとめられているのも、興味のある人には一読に値すると思う。

ここに取り上げたのは、百個の項目のうちのごく僅かなので、とにかく手に取ってみたら「よく耳にするけどよく知らない場所」の名前が一つは出てくるはずである。ものすごくよくわからない考え方だと思われるのを承知で書くのだけれど、後述の『収奪された大地』を読んだ時にも思ったのだが、こういう本を読むと「しっかりしろ」と言われているような気分になる。しっかりしろ、今まで大変な思いでそれぞれの場所で生きて死んできた人々に恥じないように生きろ。また、これだけ世界の様々な地点が影響し合う状況を示されると、二百年鎖国したアジアの果ての日本という国は改めて特殊なのだと思える。国と国との関係は、人間同士の関係のより厳しいものだと確信する。その中で自分は他者に対してどう振る舞っていくべきか、考えさせられる本だと思う。

秘密結社の手帖

澁澤龍彥

1984年　河出文庫

持っている著書はこれだけなので、だからわたしは澁澤龍彥《しぶさわたつひこ》の良い読者とはまったく言えないのだけれども、再読すると、手に取った二十年前と同じかそれ以上に、この本は楽しかった。本を購入したそもそもの動機は、マノ・ネグラという好きなバンドの名前の由来を知りたかったからだったと思う。少しだけスペイン語をかじった今でこそ、その意味が「黒い手」であることはすぐにわかるのだが、高校一年には、何か得体の知れないどこかの奥地の魔術師の名前のように思えたのだ。それをたまたま、地元の本屋さんでなんとなく立ち読みしていた文庫本の中で見つけた。十九世紀のはじめ、南スペインで誕生した

暴力的な農民の秘密結社の名前も、「黒手組」（マノ・ネグラ）であると本には書いてある。わたしは興奮して本書をレジに持っていった。以後二十年間、この本は変わらずわたしの部屋の本棚におさまっている。大好きで何度も読み返している、ということはないのだが、少し拾い読みをして、また何年後かに手に取る、といった具合でずっと傍にある本である。

「手帖」とタイトルにあるように、秘密結社のすべてがわかる大事典！　というよりは、秘密結社に関する簡潔なハンドブックのような本である。しかし、取り上げられる秘密結社は、テンプル騎士団やフリーメーソン、クー・クラックス・クランといった有名どころから、ヴォドゥー教（ブードゥー教）などのキリスト教と土着の信仰が交ざった宗教の成り立ち、自分を豹《ひょう》だと思い込んでいるアフリカの「豹男」の団体、日本の真言立川《たちかわ》流まで、世界中の多岐にわたり、それらに関する、政治的か、宗教的か、犯罪的か、それらの複合かといった分類も、とても的確で読みやすい。

フリーメーソンやグノーシス派など、名前を聞くわりによく知らないなあ、という団体についての概要を知る上でも役に立つのだけれども、それ以上に、日常的に名前を耳にするほど日本では有名ではない秘密結社についての記述が魅力的である。特に、フランス革命の裏にいたブオナロッティという人物や、ドストエフスキーの『悪霊』の登場人物のモデルになったとされる「斧《おの》の会」のネチャーエフ、フランツ・フェルディナンド大公を暗殺して第一次世界大戦の原因となったセルビアの「黒手組」（スペインの方のとは無関係）などにふれた、「さまざまな政治的秘密結社」という章が、ものすごくおもしろかった。確かに秘密結社について読んでいるのだが、気が付いたら、人は何のために生きて死ぬのだろうか、ということがわからなくなるところまで考えが及ぶ。現代において、人間は結局安定がいちばん大事で、その上でちょっとした刺激があれば理想的であるかのように語られているけれども、たかだか百年前の世界には、そこらじゅうに革命のことを考えている人たちがいて、為政者を殺してやろうということに命を賭けていた（今もそうかもしれないが、今以上に人間はその傾向にあった）。そのことに思い至ると、現状で良いとされている生活が人間の本質なんだというわけではなく、それは単に、その時代が要請する価値観やライフスタイルに過ぎないのかもしれないのではないかという考えが頭をもたげる。もしくは、そこまで人間社会全体が紆余《うよ》曲折した上でやっと得られた安定ならば、大切に扱わなければいけないとも思う。また、ヨーロッパは国同士が地続きで近い分、あの国があの国を支配して支配されて、という関係が非常にややこしく、その中にあってナショナリズムが芽生え、それを共有する集団が革命的秘密結社となっていくという構造について、秘密結社のことを読んでいながら、図らずも理解を深めていく書でもある。

個人的には、大好きな『木曜の男』の無政府主義者の委員会のモデルとなったとされる、フランスの二月革命に関わったオーギュスト・ブランキの「四季の会」についての記述がすばらしかった。まずは七人のメンバーで「週間」の小隊が形作られ、それを指揮するのは「日曜」、それらを四グループ束ねた「月」の中隊は二十八人で、「七月」が指揮をとり、「月」を三つ合わせた中隊は更に「季節」の大隊となり、「季節」は全体で「年」となる。暴力による革命を志向する人々についての一節なのに、この部分はどこか詩的で、いつまでも読んでいたい気分にさせる。

ひらがな暦

三六六日の絵ことば歳時記

おーなり由子／絵と文

2006年　新潮社

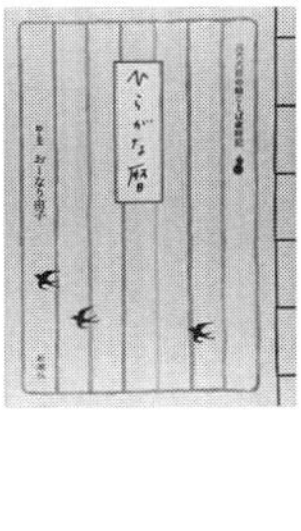

短歌や俳句を詠《よ》んだりはしないけれども、歳時記が好きで、一時期よく集めていた。どうして好きかというと、輪郭《りんかく》がぼんやりした、暑いとか寒いとかだるいとばかり言っているさえない日々が、歳時記を通すことによって、これはこれで、味わいどころのある興味深い日々なのだということがよくわかってくるからだ。

中でももっとも気に入っているのが、おーなり由子さんの『ひらがな暦《ごよみ》』である。歳時記は、季節ごとに季語を整理している本が多く、特定の日について言及するものではないのだが、この本は、おーなりさんが三六六日分の、その日その日の喜びや楽しみを、イラストと短い文で届けてくれる。

この文を書いているのは三月十三日なので、試しに引いてみる。「菜の花サンドイッチ」というタイトルが付いている。おーなりさんのお母さんは、炒《い》り卵のことを「なたね」と呼んでいたそうで、だから「菜の花サンドイッチ」なのである。やわらかいスクランブルエッグを、レタスとマヨネーズと一緒にはさんだ、菜の花畑のような切り口のサンドイッチについての話は、読んでいるだけで頬がゆるんでくる。

このすてきな、日々についての所感とイラストが三六六日分である。楽しくないわけがない。エッセイとイラストの下の欄には、その日が何の日かについての付記もある。三月十三日はサンドイッチの日なのだそうで、だからおーなりさんは、お母さんが作ってくれて、今はおーなりさんの定番である「なたねのサンドイッチ」のことを話してくれる。

語りかけてくれるような、独り言のような柔らかな文体が、とても心地《ここち》よい。たとえば、価値のない日々を送っていると沈み込んでいるときや、反対に、何か体にエネルギーはあるけれども、何をしたらいいのかちょっとわからない、という日にも、この本は良い友達になってくれるだろうと思う。

日々を大切に生きなさい、という言葉は、本当に聞き慣れた凡庸《ぼんよう》な物言いである。そんなこと言ったって、わたしもみんなもくそ忙しくてそんな暇はないんだよ、雑に生きながら、明日に自分の体を届けるっていうだけでもう死に物狂いなんだよ、セールストークだか優越感のためだか知らないけど、軽々しくそんなことを言って追いつめないでくれ。そう反発したくもなる。ひねくれた視点かもしれないけれども、日常に手間暇をかけすぎることは、有閑と裏表の関係であるようにも見える。きれいごとにかこつけて、物やサービスを売りつけようとしてくる人、「大切に生きていない人」を諭すことによって何かを奪い取ろうとする人。日々を楽しむ「余裕」の裏には、有象無象《うぞうむぞう》の思惑が渦巻いている。

けれど『ひらがな暦』の穏やかさと気負いのなさは、そんな事情とは無縁である。お金も時間もかかることを提示して、それを調達するのが難しい人を辛《つら》い気持ちにさせたりはしないし、持ち前の感性をこれでもかと大仰に見せつけるわけでもない。どこか淡々と、その日その日の楽しみと印象を綴《つづ》り、今日という日のかけがえのなさに気付かせてくれる。

改めてぱらぱらとめくってみて、「こたつ」と「冬の電車」という項目が目に留まった。「こたつ」は、寒いのが嫌いなおーなりさんが、こたつに入らないと仕事にならない、という話で、「冬の電車」は小さい頃にお母さんと乗った電車で、ふくらはぎを暖める吹き出し口を見つけた、という話である。どちらも、本当になにげない、日常で誰もが経験できる親しみやすさがあり、見過ごしてしまいそうな小さい幸福を拾い上げてくれている。虚栄も大げささもないそれらは、今を生きるのに精一杯、と嘯《うそぶ》くわたしの心にも響く。

日々はかけがえがないと口にするのは簡単で、それを実感するのは難しい。『ひらがな暦』は、誰もが生きる日常を優しい形に描き、肩を叩《たた》いて見せてくれる、宝物のような本だと思う。

新版 遠野物語

付・遠野物語拾遺

柳田国男

2004年 角川ソフィア文庫

今から二年前に、「サイガサマのウィッカーマン」という小説を書いた（角川書店『これからお祈りにいきます』に収録）。それまで一度も書いたことのないたぐいの、大阪の田舎《いなか》の町の架空のお祭を書いた小説なのだけれども、プロットを考える段階で、アイデアがあっても本当に自分は民俗的な事項に関する知識もインスピレーションも足りないなあ、と思い、三十代半ばにしてあまりにも著名なこの本を手に取った。日本民俗学の草分けということで、難しい学術的なことが書いてあるのかしら、などとなんだか身構えておそるおそる読み始めたのだが、何のことはない、わたしの大好きな妖怪事典の類です、と言っ

てもいいぐらい、楽しい、時には笑えさえする素敵な本だった。

こんなことを言っては申し訳ないかもしれないが、とにかく出てくる神様が皆キュートなのだ。人間的、といっても、ギリシア神話の神様のように、人間の俗っぽいところのスケールが無闇にでかくなったような神様達とは違って、厳しい一面を持ち合わせ、世俗を超えた力を持っていながらも、どこか無邪気な様子で人々の生活の中に溶け込み、ときどき彼らを危機から救う。

『遠野物語』を初めて読んだ時に衝撃を受けたのは、木で造られた雨ざらしの座像であるカクラサマが、完全に子供たちのおもちゃになっていて、川に投げ込まれるわ路上を引きずり回されるわするうちに、鼻も口もよくわからなくなってしまっていたため、誰かが子供たちを叱《しか》ったところ、その、叱った者に祟《たた》りがあった、という話だった。『遠野物語拾遺』には、カクラサマ以外にも、さまざまな神様の像が、子供たちの遊び道具となっているところを叱った大人が、逆に神様に怒られたり祟られたりする、という話が出てくる。「せっかく自分が子供らと面白く遊んでいたのになまじ気の利くふりをして咎《とが》めだてするのが気に食わぬ」なんて言うのである。神様たちは子供が好きなのだ。雪女もまた、子供たちと遊ぶ。

獅子舞の獅子のような姿のゴンゲサマもとても面白い。わたしが好きなのは、ある村の権現様のために、小正月に村の若者が神楽《かぐら》をしたところ、自分も出て踊りたがって、座敷であばれてしょうがなかったため、若者達はまず権現様を土蔵に入れて、それから踊った、という話だ。なんというかわいさか。土地や家のそれぞれの場所にいる権現様は、たまに土地の権現様が、同じように権現様のいる誰かの家に泊まった際などに、権現様同士で夜中に咬《か》み合いのけんかをし、耳を失ってしまったりもするのだが、霊験に影響はないようだ。権現様は、火伏せを得意とし、夜半に失火があった際には、座敷であばれて家の人間を起こし、自分も飛び廻《まわ》って火を食い消してくれるとのことである。火消しを手伝ってくれる神様もよくいるようで、火事の際に、どこからともなく小さな子供が現れて、めざましく消火を手伝い、鎮火すると姿を消したのだが、その小さな足跡を辿《たど》ると、ある家の仏壇の前まで続いており、中の阿弥陀如来《あみだにょらい》様が泥まみれで、大汗をかいていたという話もある。

神様のことばかり書いたけれども、松の木と大岩が背比べをして、岩の分際で松の木と争うとは何事か、と天狗《てんぐ》が岩の頭を蹴り、岩が悔しがって二つに裂けてしまった、だとか、隣同士の家に住む大きな犬（家は貧乏）と小さな犬が、大きな犬は外で得た食料を、小さな犬は家でもらったエサをお互いに与えていたという友情の様子だとか、遠野の人々は、自分達を取り巻く世界のすべてに意味を見出《みいだ》していたのではないかと思えるような、豊かな物語が無数に記されている。もちろん、こんなほっこりする話ばかりではなくて、怖い話や、狡賢《ずるがしこ》い動物、そして、年回りの悪い子はいったん捨てて、よその人に頼んで拾ってもらって改めてもらいにいく、だとか、男子に初めて生えた陰毛を必ず抜くのは、後から生えてくる陰毛に「肝いり殿が抜かれた」と思わせてわさわさと生えさせるため、だとかいった不思議な風習についての話もたくさんある。文庫で210ページ強、という、決して壮大とは言えない分量なのだが、読了した時に、一つの国を旅したような気分になれる、とても密度の濃い本だと思う。

世にも奇妙な職業案内

ナンシー・リカ・シフ

伴田良輔／訳

2004年　ブルース・インターアクションズ

他人の仕事はSFだとつねづね思う。わたし自身に置き換えても、大学生のわたしからしたら、新卒で就いた仕事も、その最初の仕事をしてるわたしからしたら、その次の仕事も、そして二つ目の仕事しかしていなかった頃のわたしからしたら、今の文章を書く仕事も、ほとんど想像もつかないものだった。ましてや、親しい友人の仕事であっても、相当話を聞き込まない限りは、どんなことをしているのかはおぼろげにしか想像がつかない。親の仕事だって、二十年以上その話を聞き続けているというのに、いまだになんだかよくわからないところがある。そして、仕事の話はたいがいおもしろい。自信満々な顔で、こ

の仕事にはこんな美点があって、やりがいがあって、すばらしい、儲《もう》かるのです、と語るものよりは、話してる本人が、その価値があるのかなと思いながらも、なんとなく語ってしまうもののほうがおもしろい。そこには仕事の、表向きの顔ではなく、内向きのかすかな嘆きと平たい喜びがある。

小川洋子さんのエッセイ集『とにかく散歩いたしましょう』でこの本についての記述を見つけた瞬間に、是非これは手元に置かなければということで取り寄せた。著者はナンシー・リカ・シフさんという写真家なので、まずはさまざまな年代のさまざまな人々の笑顔や、仕事の充実感を含ませた得意げな顔付きがすばらしい。他人の仕事はSFと冒頭に書いたけれども、こちらで紹介されている職業は、さらにSF度が上がる。女装学校校長、タンポン検査士、金歯リサイクラー、ビールきき、(牛の)精液収集係など、ほとんど言葉遊びかというような職業のめくるめく紹介に、世の中の奥深さを思い知る。

興味のある職業を挙げると本当にきりがなくなる。小説を書ければなあ、と思うのは、譜めくり、ポテトチップ検査士、ビンゴ読み上げ人、犯罪現場フォトグラファー、ソルフエージスト（譜面起こし）、男子トイレサービス係（女性）などで、実際になってみたいのはミミズ農場主である。ミミズはほとんど世話をする必要がなく、土壌改良などに役立てられるという。あと、ゴルフボール・ダイバーという、ウエットスーツに身を包んでいわゆる「池ポチャ」を拾って再生会社に売るという仕事もやってみたいと思うが、首に重さ二十七キロのゴルフボールの入ったネットをぶら下げるというのが、自分ならそれに引きずられて池の底に沈んでしまうだろうなと思えたので、強靭《きょうじん》な人もいるものだと思う。

注目されるとか、お金が儲かるという要素を取り除いたら、人が嗜好《しこう》／志向することはさまざまだ。わたしは紙をさわったりさばくことが好きだったので、始業から定時まで休みなく紙と関わり続ける前の仕事におそらく向いていたし、わたしの後任になった当時十代の女子も、紙が大好きだということで、今も順調に仕事を続けている。仕事は、やりたいやりたくない以上に、向き不向きが左右すると思う。やりたかったけどあまり向いていない仕事も、やりたくはなかったけれども向いている仕事もある。いろいろあって、わたしは後者の方が幸せなんじゃないだろうかと思うようになった。

この本では、どういういきさつでその職業に就いたのか、というところまでは突っ込まれないけれども、どの人も、とても自然な顔をしてその職業におさまっている。そこには、幸せそう、などというありきたりな物言いでは説明できない、衿持と満足が漂っているように思える。ただ文字だけの資料としてであっても、十分に興味深いはずの本書なのだが、写真があることでそれが次の次元に達している。この世のどこかで、さまざまな職業に就いている人々の顔がはっきりと見えてくることによって、人々の多様性を祝福したくなるような、寛容な気分になってくるのだ。そして自分もそのうちの一人として生きていいのだ、仕事をしていいのだ、と受け入れられているような感触がする。

昔は、ドモホルンリンクルのコラーゲンの抽出を見張る人、カウンターを持って通行人の人数を数える人などをやりたかったが、今は京都の六角堂《ろっかくどう》で白鳥の世話をしている人になりたい。収入や名誉やありきたりな夢を脇に置くならば、職業とはこんなに豊かで、それはすなわち人間の生活の豊かさを意味しているのだと本書は教えてくれる。

100の思考実験

あなたはどこまで考えられるか

ジュリアン＝バジーニ
向井和美／訳

2012年　紀伊國屋書店

まず報告すると、本当にわたしはバカなんだが、18番の「もっともらしい話」という項目における、「なぜ近頃のこどもは野球帽を前後逆さに被《かぶ》るのでしょう?」という質問の答えとして示される二つの理由のうち二つ目の、「不服従の意思表示です。霊長類は極めて組織化された社会構造の中で生きています。規則に従って行動することは必須とみなされているのです。野球帽を逆さにするのは、競争相手が忍従する規則を自分のものとはせず、格別に強いことを示す合図なのです」という記述を、まるっと信じてしまった。なーるほどー、などと膝を打ってしまった。だから「もっともらしい話」って書いてあるだろ。

この本は、そういうおばかさんが自分のものの考え方の棚卸しをするのにちょうどいい機会を与えてくれる本であると言えるし、そうでない人にも、とても楽しい心の遊びを提供してくれる本である。

「あなたがいる分岐器のところにまで、暴走する列車が一分のところまで迫っている。列車を止めることはできない。そのまま線路を切り替えずにいると、先にあるトンネルで作業をしている四十人の男が死ぬ。切り替えた場合には、やはりトンネルに突っ込み、作業をしている五人の男が死ぬことになる。四十人を助けないことと五人を殺すことではどちらがよりよい決断か?」(要約は筆者による)という、有名なトロッコ問題を始めとした、そう簡単には答えが出ない思考のトリガーが、一〇〇問収められている。どれも、ええと、ええと、と考え始めると、自分がいかにいろんな問題を後回しにしてきたかが炙《あぶ》り出され、やばい、という危機感と、より良い答えに辿り着きたい、という欲求に駆られる。いうなれば、心の筋力トレーニングの膨大なメニューのようなものなのかもしれない。

「わたしを食べて」と言ってくるブタがいたらどんな気持ちか? 世界を巡る旅に出た

のはいいものの、母親から言いつかった様子を知らせる手紙を四者四様に届けることができない四兄弟ではだれがいちばんましか？　ご近所さんのＷｉ－Ｆｉにただ乗りする女は誰にも損をさせていないが罪を犯しているか？　透明になる指輪をはめたら何をする？自分がイギリスの首相であるとして、金持ちの悪人にナイトを叙勲する代わりに、そいつが一千万ポンドかけてアフリカの人たちに清潔な水を提供すると申し出てきたら？　民族浄化の残虐行為をやらかしそうな他国の政治家を暗殺すべきか？　様々な問いが、縦横無尽に繰り出される。そんなもんあれだろ、と思いながらだったり、考えたこともなかったなあ、などとぶつぶつ言いながら、著者による問いの注釈部分を読んで、自分の考えの浅さと硬化に愕然《がくぜん》とする。特に、前に挙げた「首相であるとして」という項目と「暗殺すべきか？」という問いは、強烈なストレートパンチだった。「悪いやつとは取引しません」とか「人殺しはだめなことなんで」などという、わたしが答えだとそれこそもっともらしく思っていた結論は、「汚職に関わりたくないばっかりに、大多数の人が水を得る機会を失ってもいいのか？」だとか、「大統領は『なるようになるさ』なんて言えないんだよ」

とはねかえされる。そこで、機会に直面したら人間は決断しないといけない、という、ごくごく当たり前のことに気が付くのである。その上で、取引をするのかしないのか、暗殺するのかしないのかを考えなければいけない。

問題のシチュエーションはどれも練られていて、軽い短編集としても読める。個人的には、80番「心と頭」という問題における、まったく同じようにナチス占領下のオランダでユダヤ人をかくまったとされる、情愛深いトリーネと、冷たい人として知られるスカイラーという二人の女性の話がとりわけ興味深かった。「困っている人がいたら助けるのは当たり前」という信条のトリーネと、人間が好きでも嫌いでもないが、相手の窮状と自分の義務を照合して、助けるのが正しいと思った場合に人を助ける選択をするスカイラーでは、はたしてどちらが道徳的と言えるのか？　また、98番の「経験機械」という項目における、機械につながれた完璧に幸福な人生か、そうではない不完全な冴《さ》えない人生ではどちらが生きるに値するか？　という問いにおける、「わたしたちは、自分にとって何が最善かを考えるとき、ただ幸福になりさえすればいいと思っているわけではない」という筆者の言葉は耳に残る。

この本は、ほどよく充実した内容と、ふんだんな思考のトリガーに溢《あふ》れている。帯の、これは道徳哲学における「数独」の本だというのは確かで、わたしたちは自分を毒する雑念を上書きするために、面白い問題を常に必要とするのだ。人間はつくづく、金や情痴や宗教や政治や、それらをひっくるめた安定だけでは生きていられない。

読書案内
—世界文学—

サマセット・モーム

西川正身／訳
1997年　岩波文庫

今年こそは何か古典文学を、と思いついて、本屋さんを訪ねて本棚の前に立った途端、何を読んだらよいかわからなくなって早々と退散してしまった、という経験が、わたしには何度かあるのだけれども、これをお読みの方々も、少しは身に覚えがあるのではないだろうか。長く読み継がれてきた作品には、それなりの理由があって、読めばその謎の端緒《たんしょ》を垣間見《かいまみ》られるかもしれないとわかっていながらも、どれを読んだらいいのかわからない。作家や書名を知らないわけではない。無数のそれらの名前の中から、自分に合っているものがどれかがわからないのだ。だからと言って、片っ端から読んでいくという時間もない

……。それですごすご古典の本棚に背を向けてしまう。

一九四〇年にモームが出版した本書は、そんな古典文学への自信のない態度を、少し和らげてくれる本である。原題は「Books and You」といって、かなりくだけている。中身の文体もまた、大上段に構えたところはなく、丁寧なのにときどき辛辣《しんらつ》ではあるので、近所の本屋の本棚の前で「この作家はね」と紳士の姿をした本の妖精にでも案内されているような気分になる。「エミリー・ディキンソンは天賦《てんぷ》の才に恵まれていた。しかし大した才能ではない」などと平気で言う。実は、わたしはエミリー・ディキンソンをそのうち読もうと思っていたのだが、その軽快な口調にまとわりつくようなものはないので、特に腹も立たない。ああそうですか、という感じである。

モームといえば、『世界の十大小説』を挙げて本にもしていた人で、すばらしい小説家でありながら、とても小説が好きだった人でもあるといえる。ちなみに、モームの挙げた十篇は、バルザック『ゴリオ爺さん』、フィールディング『トム・ジョーンズ』、ディケンズ（本書の中ではディッケンズ）『デイヴィッド・コパフィールド』、トルストイ『戦争と平和』、メルヴィル『モービー・ディック（白鯨）』、エミリー・ブロンテ『嵐が丘』、スタンダール『赤と黒』、ドストエフスキー『カラマーゾフの兄弟』、フローベール『ボヴァリー夫人』、オースティン『高慢と偏見』である。とりあえず、これだけ挙げてもらえるだけでも、冒頭に挙げたようなお手上げ状態には陥らないのだが、これよりもう少し突っ込んだところも紹介してくれる本書は、読んだらすぐさま「すげえ」と言わなければいけないかのような前述の十大小説よりは、気軽に手が付けられそうな小説を取り上げてくれる。

個人的には、大学の授業で習って、長いこと読むべきか迷っているジョージ・エリオットの『ミドルマーチ』についてふれてくれていたことがありがたかった。この小説についても、モームは長所と短所を挙げ、でも足し引きしたらぜんぜんOK、みたいなわかりやすい評価をくだしてくれている。『ねじの回転』の女版稲川淳二《いながわじゅんじ》みたいな語りが「これアリなのか？」と異様に印象に残っているヘンリー・ジェイムズに関しては、いちばん読みやすくて面白いのは『アメリカ人』だと思うよ、とあっさり言ってくれる。ヘンリー・ジェイムズの文章の大仰さについて、この作品の人物は、立ち去る（go away）のではなく、辞去する（depart）のだ、という説明もしてくれるのだが、こちらも興味深い。

モームの、創作に対する考え方が垣間見える一節もいくつかあって、書き手である自分としてはとても重要に思えた。たとえば「小説が写実的になるとともに、作家はみな細部を、細部そのもののために深く愛するようになり、その後細部がほんとうに意味をもつのは、全体と関係があるときだけにかぎるということに気がつくまでには、相当長い時間がかかった」という部分は、耳に痛い。この一文が記されているのは、「とばしてよむことも読書法のひとつ」という一節でのことで、モームは、読んでて苦痛な部分があればとばしてもいいんだよ、と言ってくれる。ただモーム自身は、とばして読むことは下手だったらしく、何か重要な読み落としはないかと無駄に読み込んでしまったり、逆に一度とばし読みを始めるとそのままどんどんとばしてしまったりするそうだ。このあたりの読書エッセイのような部分には、モーム自身のチャーミングさも漂う。読書はなんといっても楽しくなければ、そうでなきゃその本を読むのをやめてもいいんだよ、という物言いも心強い。

ある優れた書き手を、いい作品も書けばそうでない作品も書く、とモームが評する。それを読むと、わたしは少し気が楽になる。おまえは駄作ばっかりじゃないかと頭ごなしに言われたらギャフンと言うしかないのだけれども、なんというか、小説を書くことをある程度楽観的に捉《とら》えられるようになった。読み手にとっても書き手にとっても、目を通したらいい具合に肩の力が抜ける、そんなリラックスした読書案内だと思う。

文体練習

レーモン・クノー

朝比奈弘治／訳
1996年　朝日出版社

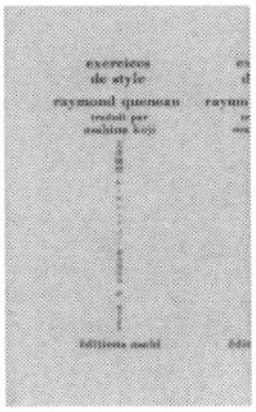

書けば書くほどわからなくなっていく。それが、自分が文章を書く仕事をしてきた上での実感である。昔の文章などを読み返す機会があると、ちょっともう今よりぜんぜんましだったりして、いつからこんなに下手になったのかと愕然とするし、「好きだから書くの！」というようなモチベーションも、ほとんど燃え尽きている。あるのはただ、これが自分の職能なので、あまりにもあまりなところにまで落ち込まないように監視して、「このぐらいならなんとか」というレベルを保持するという義務感である。ときどきは、あまりに文章を書くことが不確かに思えて、不安になってくる。文章には正解がない。わたし

が、まあ許容範囲の心地だと思って書いている文章が、誰かの不快を買っているかもしれないし、正確さを期すとくどくなっていくというようなこともある。

この本は、そういう埒《らち》の明かない疑念に対して、「こんなに書き方があるのか……」という更なる不安の増大を誘いつつ、「しかしもはや、色物もたくさんあるとはいえ、これだけ可能性があるんなら、もうその場その場で正しいと思う書き方をするしかないのかもしれない……」という軽いあきらめを促し、最終的には気持ちを軽くしてくれる本であると言える。

「混雑するバスの中で、リボンの代わりに編み紐《ひも》を巻いたソフト帽の男が、誰かが脇を通るたびに隣の乗客が押してくると、弱気な感じで文句を言っていて、座席が空くと急いでそこに座りに行く。その二時間後、別の場所である広場で、その男が連れの男に、服装についての注文を付けられているのを見かける」。それだけの様子が、百通りの文章で書かれている。ちなみに、前述の内容の説明は、わたし自身の文章で書かれているので、これはこれでその百通りには入らず、ある内容に対する文章が増殖したことになる。もしくは、明日のわたしは、また違う文章でこの内容を説明するかもしれない。

「複式記述」とか「無造作」とか「罵倒体」とか「品詞ごとに分類せよ」とか「新刊のご案内」などというテーマの元に書き換えられた文章は、まるで色見本のようにすべてが違っている。「複式記述」では「ほぼたいてい満員でいっぱい」などという言葉の被りで文章を構成しているし、「無造作」は、非常に簡単な動作の描写と、そっけない会話だけで書かれ、「罵倒体」は文字通り、内容のすべての要素に毒づき、「品詞ごとに分類せよ」は、内容が名詞・動詞・助詞などに分解され、「新刊のご案内」では、大したことのないバスの中でのやりとりが、「主人公」と「謎の人物」の戦いの火蓋が切られる……、などと説明されたりする。内容自体は、取るに足らない出来事なのだが、それが百通りで書かれるとなると、もはや文章を読むことは、そこに書かれてある意味を読みとることである以上に、文章自体を読むことであると嫌でも思い知らされる。

文章の書き手として、非常に参考になるところもある。たとえば、嗅覚・味覚・触覚・視覚・聴覚のどれかに特化して書かれた文章は、それが人間の感覚に基づくものであっても、ほとんどＳＦのような偏りと色彩を見せるし、「定義」という、主要な語を辞書の言葉に置き換えて増幅させる手法や、あらゆる語が似た語感の言葉に置き換えられた「聞き違い」の壮絶なくだらなさは、文章を書くことの中で効果を追求していく上で、覚えておいて損はないスキルだろう。読めば読むほど、文章の選択肢を提示してくれるというか、新しい奇妙な道具を渡してくれる本であるようにも思える。

文章で語ることには、いったいどれだけのチャンネルがあるのか？　これだけの書き方を、大真面目に提示されると、もはや一つの正解にこだわっていることがばかばかしくなってくる。文章は、自ら扉を閉じなければ、どこまでも自由に書けるものだ。そこには常に不確かさがつきまとうけれども、その場その場の最善がカチリとはまった時は、他の何にも似ていない喜びがこみ上げることもある。この本は、その一つ一つの部品やスキルを分解して、最善への可能性を広げてくれる手助けをしてくれるように思える。

モン・サン・ミシェル

奇跡の巡礼地

ジャン＝ポール・ブリゲリ

池上俊一／監修、岩澤雅利／訳

２０１３年　創元社「知の再発見」双書

自分が今よりだいぶ昔に生まれていたら、いったい何の仕事ができていたのだろう、とときどき考え込む。いや、そりゃ言われたことはよほど無理なことでないかぎりは何でもやっていられなければいけないのだが、「できそうなこと」で、かつ「やりたいこと」ならば、刺繍職人か写字職人だと常々思っていた。そしてかのモン・サン・ミシェルで、修道士による写本が行われていたとは朗報である。モン・サン・ミシェルで写本をする仕事。なんなのだそのすばらしい職業は。生まれ変わったらモン・サン・ミシェルで朝から晩まで写本をしている修道士になりたい。いやそれは何百年も前のことだから、生まれ変われ

ないのか……残念。

　そういうわけで、フランスのもっとも代表的な観光地といえるモン・サン・ミシェルは、聖ミカエルに捧《ささ》げる聖堂として建てられ、その後修道院として機能し、更に監獄へと変貌を遂げ、また修道院へと戻った後、歴史的建造物として政府に認められ、今に至るのだそうだ。こう書いてて、クククと含み笑いをせずにいられないほどに、波乱万丈の歴史を辿ってきたわけである。『薔薇《ばら》の名前』の写字室についての記述が引用されている部分があるのだが、単体でも涎《よだれ》が出てきそうなその描写が、まさかモン・サン・ミシェルの内部で行われていることをも説明するとは二重の驚きである。本書の修道院についての章を読むと、「モン・サン・ミシェルで働く」という妄想が止められなくなるということは必至だ。しかし、そんなおめでたい考えをよそに、職業として食い扶持《ぶち》が保証されていたわけではなく、自活していかなければいけない修道士という身分（本書によると「自分の受けた洗礼の結果を徹底的に押しすすめるキリスト教徒」のこと）の厳しさについても、けっこうとくとくと述べられており、モン・サン・ミシェル自体のことに加えて、「モン・サン・

ミシェルに住んでいた人たち」のことも本書では理解が深まるようになっている。なるほど、だからお菓子とかお酒とかを造って売ったりするんだな、修道院では。わたしが興奮している写本をしていたということについても、「飾り文字の飾りが過ぎる。これでは神の掟《おきて》に思いを巡らせるよりも絵ばっかり見てしまうじゃないか。いかがなものか」的なことを聖ベルナールさんに言われたりして、いろいろいわくがあったようだ。

その後、監獄として使われる世紀を経て、歴史的建造物としてモン・サン・ミシェルは、各々の建築家によって修復を進められることになる。何人もの建築家が、モン・サン・ミシェルに関わることになるのだが、中でも一八七二年に任命されたコロワイエの、モン・サン・ミシェルという存在にとり憑《つ》かれたかのような仕事ぶりについての記述が興味深い。当初はきびきびと計画を押し進めていたのだが、次第に自分の修復計画の邪魔になる店舗や家を持っている住民を立ち退《の》かせようとしたり、回廊の歩廊を赤青黄の三原色の釉薬瓦《ゆうやくがわら》で覆うと言い出したり、なかなかおかしくなっていたようである。建築に関しては、モン・サン・ミシェルの工事は、島であるという悪条件にもかかわらず、驚異的な早さだったそうで、それには信仰心と報酬の高さに加え「高みに上がろうとしてやまない陶酔というか、偏執がうかがえ」るという記述も興味深い。

また、干潮時に陸地と地続きに姿をあらわす砂州の存在も神秘的である。悠長に砂州を渡っていると、潮がものすごい速さで押し寄せてきて、馬に乗っていても間に合わない、だとか、流砂に飲み込まれる危険がある、など、かなり大変なもののようである。島なだけでも十分魅力的なモン・サン・ミシェルだが、干潮になると陸続きになるとか、しかしそこに存在する砂州がものすごく怖いとか、もう、取り巻く何もかもが反則的なまでにおもしろいのである。そりゃ観光客も押し寄せるわけなのだ。

ほぼオールカラーに近い豊富な図版で、モン・サン・ミシェルに行かずとも深く触れた気分になれる本書である。わたしもフランスになどいけない身分なので、お盆はこれを一日中眺めて過ごした。

江豆町

ブリトビラロマンSF

小田 扉

2004年/2016年(完全版) 太田出版

海沿いに所在し、町の至る所に廃線になった路面電車の跡が走る江豆町《えずまち》という架空の町を舞台にした、漫画の連作短編集である。全十二話。共通する登場人物も何人かいるので、一つの物語としても読める。アンダスンの『ワインズバーグ・オハイオ』や、そこから着想を得たというブラッドベリの『火星年代記』、『ジョジョの奇妙な冒険』の杜王町《もりおうちょう》を舞台にした第4部などが頭をよぎるけれども、それらのどの傑作よりも、皮膚感覚的な距離の近さを感じさせる。それは暖かみと称してもいいような感触だが、あくまで湿度は低く、語り口は淡々としている。

本当に何度も読み返している。常々こういう物語を書きたいと思っているのだけれど、どれだけ書いたらこの地点にたどり着けるのか、気が遠くなる。

個人的に好きな話について少しまとめる。第1話。甘木太郎《あまきたろう》という男が、家庭内の事故により七十六歳で死ぬ。甘木の死後、特殊メイクの会社から発行された大量の高額の領収書と、少年期から死ぬ十年前までの日記が遺《のこ》される。同じ十年前に、人付き合いをしない甘木が、サイトウという少年とよく話していたという証言があったと娘は語る。他にも甘木は様々な謎《なぞ》を遺す。サイトウとは誰か。どうして甘木の体からは、全身に転移していたはずの癌《がん》が消えていたのか。

第4話。燐《りん》鉱石の採掘のみを産業にしていた小さな島国であるマル王国が、鉱石を掘り尽くしたことによって解体され、江豆町には一人しか囚人がいない刑務所が移設されてくる。囚人の刑期は五百年で、面会も働くことも禁じられている。授業で刑務所と囚人に興味を持った小学生が、囚人に手紙を出し、囚人がそれに返信したことから、小学生と遠い島国から来た囚人の交流が始まる。

第5話。江豆第一小学校には江豆散歩新聞という新聞を作る習慣がある。当番を預かった3年2組の江野さんの祖父が、新聞に自らが経営する老人ホーム「アライブ江豆」の広告を出したことから、江野さんの祖父と「アライブ江豆」の唯一の入居者の善さんが記事を書く成り行きになる。記事は好評を博し、やがて江野さんの祖父と善さんは、二人で紙面すべてを作り始める。一方で、断崖絶壁《だんがい》にある「アライブ江豆」の周囲の夜の見回りを欠かさない二人は、毎夜見かける若い男女の人影が気にかかっていた。

三話を抜粋したが、どの話もすばらしい。物語に登場する江豆町の人々は、親に捨てられた少年、自分の艦隊を滅ぼされ別の世界から逃げてきた「船長」という男、離婚歴十回の年増の結婚詐欺師の女、犯罪者の孤独な息子、自首までの猶予を求めて故郷に流れ着いた鉄砲玉、などと、どちらかというと、社会からはみ出してしまった人物が多数を占める。しかし江豆町という場所は、家族関係や、特定のコミュニティから疎外された彼らを、穏やかに受け止める。第8話から第10話の連作となっている「ドリームバリュー」という話に、その傾向が顕著である。廃線となった路面電車のツアー参加資格を賭けて争うこの競技のルールは、パンをかごに放り込んで、そのパンの様々な数値（中のあんこの糖度や、焼いたパン職人の情熱など）の美しさを競う、などと複雑で不思議なものなのだが、第一回の優勝者である老人が口にする「離れていく人間を引き留める『町の意志』のようなものがこの大会にはある」という言葉に、江豆町の本質が表象されている。誰《だれ》があなたを受け入れなくても、町はあなたをずっと見守っているのだとでもいうように。

「江豆町」の中には、親子の絆《きずな》や男女の恋愛感情といった、わかりやすく濃い人間同士のつながりのようなものはほとんど描かれない。その代わりに、すれ違う人々と、その町の磁場で取り交わされる、一瞬の優しさのようなものが常に漂っている。それらが、驚きと愛らしさに満ちた道具立てと合致した時に、えもいわれぬ幸福の物語となる。

平行植物

レオ・レオーニ

宮本 淳／訳

1980年／2011年（新装版） 工作舎

小学生の時、図鑑好きが高じて図鑑を作ろうとしたことがある。現実にあるものについてではなくて、自分自身で考え出した動物や植物についての図鑑である。しかし、自然にあるような感じのものを考え出すのは予想以上に困難な作業で、結局は表紙っぽい絵を描いて、植物を一つ作っただけで終わった。「毒がある」「花はだいたい色」「水棲《すいせい》である」などと、現実にある要素を模倣《もほう》して組み合わせるだけにしても、自分の頭の中にある自然のようなものを可視化するのは難しい。今も、小説を書くことの最終的な目的の一つとして、図鑑を書きたいとは思っている。

本書は、『スイミー』や『あおくんときいろちゃん』などの絵本で知られるレオ・レオーニ（レオ・レオニ）が執筆した、架空の植物の博物誌である。あの人、あんな素敵な絵本を作る裏でこんなこと考えてたのか……、という衝撃を受けつつ、一冊丸ごとがレオ・レオーニさんの頭の中にある博物誌なのだという驚異にじわじわ震える。その強さと飛躍において、小説や写真集や図鑑そのものをしのぐぜいたくさを持った本だと思う。

手でふれると崩れてしまう、写真に写るかどうかもいちかばちかの、現実の時間の外に存在する「平行植物」なる存在について、その起源や形態などの概要から、そのさまざまな種類についての詳細が、学術書のように淡々と語られる。そしてその細部は、現実のよくできたなりゆきのように興味深い。たとえば、第1回国際平行植物会議を開催したベルギーのロイヤル大学のコルネリアス・クールマンが平行植物に出会ったいきさつと、彼がなぜベルギーの碁《ご》のチャンピオンであったかについては、以前の古植物の会議で出会った京都大学の教授で碁の名人である杉野金一に碁の手ほどきを受けたのち、郵便・電報・電話を介して対局し（通信費は1万2千ドルを越えた）、その後東京で再会した時に、旧尾《お》張《わり》地方の森林地で〈森の角砂糖バサミ〉が発見されたからそれについていったため、という説明がされる。いるのか碁の部分は。しかし面白い。

博物誌としては、少しウォーミングアップ的な、本物の植物についての詳細かと見まがうタダノトッキ科に始まり、ゆっくりと深みにはまっていくような印象がある。アリアリマキという異常な繁殖力と食欲を持った虫から身を守るために、葉脈を迷路にしてしまった「アリジゴク」や、なぜか18世紀バロック調の装飾のような見た目をしている「マネモネ」の進化についての記述は、下手な人間の社会や人生の波乱についての話などよりも迫力がある。特に、「夢見の杖《つえ》」についての項目は圧巻である。葉も実も枝も花も根も持たないこの植物が、その欲求不満をこぶで表現する――植物の持つ強い望みが、その形を変えてしまうという記述には、今まで知らなかった新しい世界や考え方を教わったかのような興奮がある。現実の植物（もしくは動物）に立ち返って、どうしてその姿なのかということについて、キリンのように根拠が判明していたりもするけど、わからないものもたくさんある。その根底にあるものが、「こうなりたい」だったとしたらどうだろう。たとえばバラがそういう意思の元に美しくあるんだとしたら？　それはとてもぞっとするし、業《ごう》が深くて興味深い。「夢見の杖」の項目は、そういう妄想を十分に満たしてくれる。

現実でないものが、場合によっては現実に匹敵する力を持つということを端的に知らしめる本である。こういう話が書かれてあれば、人は喜ぶし意味があると思ってもらえる、などという相対的な要素は一切なく、ただ、レオ・レオーニの頭の中にあることが忠実に描かれていれば描かれているほど、その純粋な強度は増してゆく。現実の自然そのものと、レオ・レオーニの真剣勝負を固唾を呑んで観ているような気さえしてくる。なんという想像力と創造力か。

第四章　眺めるための本

ロベール・クートラス作品集

僕の夜

ロベール・クートラス／画、小池昌代／文

2010年　エクリ

カバーの正面に印刷されている、うさぎのような、うさぎの耳をつけた人のような生き物の顔つきが、いきなりなんとも味わい深い。絵の表面は汚れているのか、故意に汚されているのか、絵の具の染みのようなものが斑《まだら》に広がる。憮然《ぶぜん》とした表情のうさぎの左頬にある斑は、偶然汚れたものなのか、それとももしかして大きなほくろなのか。

退社時にときどき通りかかる本屋さんで、クートラスの作品集が平積みにされているのを見かけた時は、迷わず手にとってレジに向かった。「暮しの手帖」の特集でクートラスの作品を初めて見て、この絵を手元に置きたいだとか、わたしもこういうことをやってみたい、だとか泡のように思い、クートラスの生と死の静謐さと孤独に、何か生きていく上でのヒントを見出そうとしたりした。あまり大きくはない特集の、クートラス自身に関する記述を何度も読み返した。手札大の大きさの「カルト」(carteと綴る)に、一晩に一枚描いていたという、色彩の暗いユーモラスで示唆的な絵は、眠り込んでしまう直前まで瞼《まぶた》の裏に映しておきたいような、不思議な暖かさと懐かしさがあった。

　それらの小さな一連の作品のことを、クートラスは「僕の夜」と呼んでいたそうで、それはこの作品集のタイトルにもなっている。床につく前の思い出し笑いのような、寝入りばなの夢のようなカルトの絵には、闇を一啜りずつ味わうような密《ひそ》やかな趣がある。「ユトリロの再来」と称されながら、それを良しとはせず、画家としての現世的な成功に細い縁はあったかもしれないけれども興味自体がなかったクートラスは、常に貧しかったので、画布すらも買えないときがあったらしく、靴の箱やポスターの裏に絵を描くこともあったそうだ。下地として、「夜のブルー」とクートラスが呼んでいた暗い青が塗り込められた小さな絵には、まさしく、夜の、僕の、としか言いようのない、ひんやりとしていて個人的な感触がある。体の中から孤独を取り出したら、このカルトが出てくるんじゃないか、などと考えてしまう。

函《はこ》の正面のほくろうさぎのように、描かれている対象は、どこか異界の感触を帯びている。何色であっても闇のように見える背景から、一見単純に見える描線で浮かび上がる太陽や月や尼《あま》さんや小人や天使は、目があった瞬間に心に棲《す》み着きそうな、ユーモラスだが気の許せない表情をしている。ずっと眺めていたら、自分の心が絵の色に塗り込められてしまいそうな、濁った色彩である。夜の奥から滲《し》み出してきたような。細密であったり、きれいなものが描かれていたり、すてきな色使いであったりする、表面的に人の心をあやしてくれるような絵ではないけれども、そこにはたしかに美しさのようなものが漂っている。それは、夜の美しさであり、たった一人でいることの慰めなのである。

「僕の夜」という言葉を目にしたとき、ああ、まさに夜は個人のものだ、と腑《ふ》に落ちたのだった。普通の勤め人であれば、朝は起床しなければいけないという義務に、そして昼は仕事に奪われている。そうでなくても、日が出ているうちは、他者がそこらじゅうをうろつき回っている。暗い場所を作っても、一歩外に出れば世界は慌ただしい。それにまつわる愛着や期待はあっても、朝や昼はどうしてもわたしや誰かのものにはならない。しかし、夜はそれぞれのものだ。世間と関わらなければならない時間から解放され、世界を解釈することに没頭できる時間だ。クートラスの作品は、その夜の時間の同伴者にもっとも適している。闇の手前でにやっと微笑《ほほえ》む登場人物たちは、より夜の奥に分け入る瞬間における隣にか、それとも夜の向こう側に佇《たたず》んでいる。

ページをめくる。弾力のある紙の厚さで、何枚か同時にめくってしまうことすら歓迎したい。早くこの本の絵を忘れたいと思う。そしてまた、新しい気持ちで、真夜中に、クートラスの描いたもののものを眺めたい。

赤瀬川原平の名画探険
広重ベスト百景
歌川広重／絵、赤瀬川原平／編

2000年　講談社

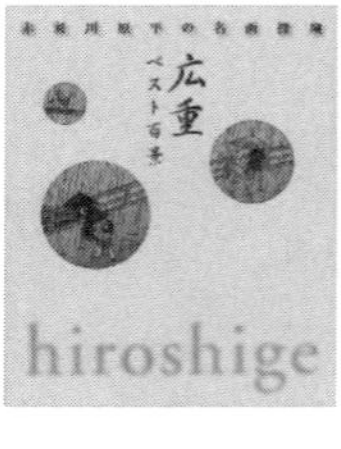

浮世絵というと、長らく永谷園のお茶漬けのカードしか思い浮かばなかったわたしである。それまで目にしてもぼさっとしていただけの歌川《うたがわ》広重《ひろしげ》の絵が、もしかしたら実はものすごく自分にとって勉強すべきものなのではないかと気が付いたのも、最近のことだ。なんで今までまじめに鑑賞しなかったんだ、と自分を殴《なぐ》りたい。そして、今更なことは自分でもよくわかっているので、どうか謗《そし》らないでください。

絵を見ることはとても好きなのだけど、同時に難しい娯楽だとも思う。わたしにはたいそう集中力がないので、次々に情報を提示されないとすぐに注視している対象に飽《あ》きてしまう傾向がある。それに、どう見ても自由である分、一見して「ふつう」に思える絵が、じつはとても示唆《しさ》に富んでいたりすることに、そんなに敏感ではない。なので、赤瀬川原平《あかせがわげんぺい》さんがナビゲーションしてくれるこの本は、一冊目の歌川広重として大正解だったと思う。広重の絵のおもしろさもさることながら、赤瀬川さんのなにげないキャプションの文にも、名調子の気配が漂う。広重の絵と赤瀬川さんの文章、一冊で二度おいしい本である。

「じつに多作」にして、「調べるときりがないほど出てくる」歌川広重の絵から、赤瀬川さんが百枚選び、「絶景」「夜景」「斜景」「水景」「雨景」「艶景」「吹景」「雪景」「活景」「富士見・花見」の十項目に分類されている。とても見やすい構成だと思う。個人的に、雨が降っている風景が大好きなわたしは、「雨景」の項目をにやにやしながらいつまでも眺めている。そして、「天から降る雨を、線として絵に描くのは日本だけだという話を聞いた」という赤瀬川さんの物言いにはっとするのだ。

「雨景」の話が出たので、まずここから始めるとすると、表紙にもなっている「名所江戸百景　大はしあたけの夕立」などは本当にすばらしい。緩く角度を変えて交差する斜線が、絵いっぱいに引かれている中、中央よりやや下方に描かれた橋の上を渡っていく人々の姿が、心細くなるぎりぎりの大きさで描かれている。そうだ雨はこんなのだ、と思う。わたしはインターネットで雨の風景の画像を収集しているのだけれども、実物を撮影したそれらのどれよりも、雨の印象を捉えていると思う。見ているうちに、まるで喉《のど》に迫ってくるような無数の斜線は、あまりにも激しい雨の音が耳を塞《ふさ》いだときの、息の詰まるような感覚を思い出させる。橋の上の人々の距離間も絶妙だ。うっとりである。「六十余州名所図会　美作《みまさか》　山伏谷《やまぶしだに》」の、太く白い曲線として目に見える風も、強い風が吹き付けるときの、空気の塊《かたまり》が振り子のように挑みかかってくる様が思い出されて、とても素敵だ。

「水景」の「名所江戸百景　王子不動之滝」という絵はとてもおもしろい。絵の真ん中の少し右のあたりの深い青色の帯のようなものを滝としているのだが、下っているようにも上っているようにも見える。それだけでも十分にうわっと思うのだが、赤瀬川さんは滝《たき》壺《つぼ》の前にいる、簡素だけどなにやら楽しげな人々の様子にも言及して、滝は注連縄《しめなわ》を張られた神域だけれども、ちゃっかり縁台を持ち出してきて、お茶をわかしてお休みどころとしてしまう庶民の性質を、「何だか猫みたいだ」と素敵にたとえている。わくわくする。

そして広重の絵は、本当に視点の置き方がすばらしい。驚きと想像力に満ちていて、本当に唸ってしまう。「絶景」の「名所江戸百景　深川万年橋」や「名所江戸百景　はねのわたし弁天の社」の、亀と欄干や船頭の手足越しの世界、そして「艶景」に挙げられたほぼすべての作品など、一枚の絵に捉えがたく拡散してゆく物語が含まれている。ほかのどの絵も、一枚として退屈な絵はない。本当にすごい。

100＋1　ＥＲＩＫＡＳ

タナカノリユキ／クリエイティブ・ディレクション

２０１０年　朝日出版社

オーストリアに行きたいなあと思っていた。普通に観光がしたいというのもあるのだが、リンツの「アルスエレクトロニカ・センター」というところに、沢尻エリカを題材にした作品を見に行くためという理由が主だ。

二〇〇七年の秋、ソニー・エリクソン製のａｕの携帯電話広告に、沢尻さんは百種類のコスチュームプレイをして登場した。「アルスエレクトロニカ・センター」には、そのうちの五十種類が一堂に会して展示されていたというのだ。わたしは、沢尻さんの広告が本当に好きで、自分の携帯を購入するのもそっちのけで、携帯電話と共にディスプレイされている男装していたりスキンヘッドだったりする沢尻さんを眺め、インターネットや店頭で写真を探していたのだが、とてもではないが、百種類は追い切れなかった。そういうわけで、とにかく半分でもいいからまとめて見られたらうれしいと思っていた。

それがこのたび、書籍となって発売されたのがこの本である。厳密に言うと、広告とはポーズが違っていたりするのだが、着ている服やメイクなどはそれぞれに同じだ。出版されたことを二か月ほど知らなかったのだが、「出ている」ということを知った次の日に買いに行った。電車に乗ることすら待てず、本屋の外に出てすぐにフィルムを破って、立ち読みをしながら駅に向かった。その日は、立ちっぱなしで音楽を聴いたり、行列に並んだりという機会が幾度となくあったのだが、その時もずっと眺めていた。

広告の百種類に加えて、現在の沢尻さんが＋1として掲載されている。でかくて厚くて重い本で、図鑑のようなテイストもある。視覚的な情報量の多さも、図鑑らしい。全部の写真が白い背景で、等距離から写されているので、カタログ的に着ている服や沢尻さんの表情を見比べることもできる。価格のことを言うのは野暮かもしれないけれども、これが本体価格二八〇〇円はどう考えてもすばらしく安い。

ものすごく楽しい本で、その気になればいつまでも眺めていられる。一人で右からめくったり左からめくったりしてもいいし、いろんな人と見て、どの写真が好きか、いろいろ話し合いたいと思う。どの写真にどんな意図があるのかだとか、単純にどれが好きかとか。小さかった頃に、お姫様の本を眺めていたときのような高揚もある。

着物やナースやセーラー服やゴスロリといった定番のものも含まれてはいるのだけれど、この本の本領は、そういった世間が沢尻さんに期待しているような感じのものではなく、老女のメイクをしていたり、西洋風の鎧《よろい》を身につけていたり、リトルリーグの選手のようだったり、学ランを着ていたりという意外なものや、角が生えていたり、牙《きば》が生えていたり、髪の毛が狼《おおかみ》の頭部を象《かたど》って整えてあったり、肌の色が赤かったり青かったり黄色かったりという、その他もう数え切れないほどの個性的な装いにあると思う。

装うというと、直近ではレディー・ガガのことがすぐに頭をよぎるのだが、突き抜けた奇抜さで楽しませてくれるガガさんと比べて、こちらはもう少しさりげないおもしろさも追求されており、とても見応えがある。たとえば、ブレザーの制服を着ていて一見まともそうなのに、耳が妙に長かったりする作品は、異様に真面目な沢尻さんの表情と相まって、なんともいえない不思議な美しさとおかしみを醸し出している。

「百種類の服を着たというより、百種類のキャラクターを演じ分けた」と沢尻さんは語っていたそうだ。よく考えたら、無名のモデルさんを起用したものであっても、この企画には一定のおもしろさはあると思う。けれども、それぞれの写真で披露される表情や佇まいは、沢尻さんの技術と感性によるものであり、それがあの広告やこの本を非常に特別なものにしている。何度も何度も眺めたくなる、という奥深さの根拠には、装いのおもしろさと併せて、被写体となっている沢尻さんの存在感が不可欠である。装うこと、佇むことの興味深さ、美しさ、誇らしさ、そしてユーモラスさまでが凝縮されたすばらしい一冊。

エドワード・ホッパー　アメリカの肖像

ヴィーラント・シュミート／解説
光山清子／訳
2009年　岩波書店

歌川広重の画集の回で、「実はものすごく自分にとって勉強すべきものなのではないかと気が付いた」から、広重の絵を真面目に見てみようと思った、というようなことを書いたのだが、その時、広重以外にももう一人、この画家の絵が見せてくれるものを、自分は小説を書く上でお手本にすべきなのではないか、ということで、画集を購入することにした画家がいて、それがエドワード・ホッパーである。

お茶漬け海苔《のり》のおまけとして認識していた広重に対して、ホッパーの絵は、中学だか高校だかの美術の教科書で見かけてから、わりとずっと好きだという認識があったのだが、でも、手元に置いてうれしい絵じゃないよな、ということはぼんやり認識していた。もちろん、きれいな絵ばかりが常に優れているというわけではないということは大前提としても、ホッパーの絵は、平たく言うと「盛り上がらない」感じがしていた。たとえば、ピカソもきれいじゃない絵はたくさん描いているけれども、色彩や描かれているものの形によって、気分が盛り上がる感じがする。エゴン・シーレでも、退廃的で後のない気分になれたりするのかもしれない。それもある種の盛り上がりである。それに対してホッパーの描く絵には、意図的に観る者の気分を動かさない、非常に強固な意志というか、悪辣な言い方をすると、面《つら》の皮のようなものを感じていたのだった。眉一つ動かさない、という慣用句があるけれども、まさにそんな感じである。硬く、盛り上がれない芸術。そんなふうに思いながらも、わたしはホッパーの絵に、冷たさでも暖かさでもない、なのに自分の心の糧《かて》になるものをどこかで見出していた。

孤独。一人でいる人物も複数でいる人物も、もうこの言葉の様子に尽きると言ってもいい人物画の数々に、きれいだとか汚いだとかいう感情的な言葉を寄せ付けない風景画。観る者に何を感じさせたくて描いたのか、という疑問を呈するのも無駄に終わりそうな、非常に味気ない、しかし目が離せない緊張感に満ちた作品の数々である。わたしはだいたい、裸か半裸の女性を描いた作品を繰り返し眺めてしまうのだけれど、ホッパーの描く女性たちは、よくある絵の中の裸婦のように、裸であることが目的化された、鑑賞するための裸ではなく、着るか脱ぐか、帰ってきたかこれから行くか、その間にある、境界の領域の裸であるように思う。わたしにはそれが、とても人の心の裏の柔らかい部分に触れるものであるように見える。描かれることを歓迎されはしないけれども、描かれる意味のあるものなのである。人間は常に、服を着たり脱いだりしているし、行ったり帰ったり、そこに留《とど》まったりしているからだ。そこに、見られることにおあつらえむきの感覚はない。ホッパーの絵は、「見られること」のよそ行きさや反発は微塵《みじん》もなく、ただ人間とその生活の不意の姿を映し出す。そこにわたしは、自分が小説の書き手として学ばなければいけないものを見ているのだと思う。

ホッパーの絵からは、決してポジティブな感銘は受けない。悪びれもないので、人の心の闇にも働きかけない。それでもわたしは、ホッパーの作品を眺めると、少しだけ気分がましになる。それは、みんな一人なんだ、という湿った感情を持てるからというよりは、そういうごてごてした憐憫《れんびん》を取り払ってくれるからだ。その先にこそ、生きていることの生々しい実感がある。それが良いものであれ悪いものであれ、生まれたからにはここで過ごさなければならない。ホッパーの絵は、そのどうしようもないことを見る者に受け入れさせる力を持っている。

本書においては、ホッパーの描く「光」に関する記述が印象的である。人々の弱さと孤独を白日のもとに暴きたてる「無慈悲な光」と本書は述べる。光は何も暖かく人を包み込むだけのものではない。朝起きて、疎《うと》ましい光の中をどこかへ行かなければいけない、もしくは、どこへも行くことができない痛みは、誰にでもあるものだろう。ホッパーはそのことをわかっている。ただわかっていると絵に描いて、人間の見えにくい生傷を、この世界にはっきりと存在するものとして浮上させる。

第五章　このぐらい頭がよかったらなあ

プラス思考をやめれば人生はうまくいく
マイナス思考法講座
ココロ社

２０１０年　ＣＣＣメディアハウス

とにかく後ろ向きな方だ。理由はよくわからない。たぶん幼稚園の時分、普通に振る舞っているつもりなのに、同じクラスの女の子に批判《ひはん》されまくったことが遠因だと思う。昨日は仲良くしてくれた女の子が、今日は鬼のような形相でわたしの行動について責め立ててくる。小学生の時に住んでいたマンションの女の子たちも、その場にいない子への陰口がすさまじかったし、その後転校した先でも、クラス内の女子派閥《はばつ》の集合離散と抗争は壮絶だった。ヘタレなわたしは、もちろんどの団体の頭をとることもなく、女子カーストの最下層で、とりあえずへらへらしているしかなかった。いつもいつも、家に帰ってファミ

コンがしたいなあと思っていた。

そういった、生まれてから十年以内の環境がいまだ影を落としているのか、人を見れば自分を嫌っていると思うし、人間関係への負の志向は、仕事や生活にも越境してきて、エレベーターに乗るたびに挟まれる自分を想像するし、交差点を渡る時には、必ず車が突っ込んできて吹っ飛ばされることを考えている。職場では間違いなく嫌われているし、文章の仕事をもらえるのも、技術を持っているからではなく、気が小さそうなので締め切りを守るだろうと思われているからのはずだ。

この本は、そんなわたしへの福音のような本である。「第1講　あなたはくだらない存在です」、「第2講　あなたは嫌われています」、「第3講　誰もあなたの話を聞いていません」、「第4講　あなたの話は面白くありません」……、とこの調子で第14講まで続く。各講はマイナス状況の実態を自覚させる「絶望ワーク」、解説、マイナス思考「実践テクニック」、今日から始める！「マイナス思考3項目」の四段構成で、マイナス思考の利点と注意点について、懇切丁寧に諭してくれる。帯には、「プラス思考は現実逃避にすぎない！　マイナス思考はお得に生きるための戦略的ツールだ!!」とある。「お得に生きるため」とは、控えめな言葉のように思える。この本には、人を大成功に導こうという志はないだろうけれども、対人関係や仕事において、読む人に、改めてちゃんとした大人の振舞いと、慎重な身の処し方とは何かについて考えさせる力を持っている。

「第9講　弱音を吐くことは許されていません」は秀逸である。「絶望ワーク」の、次のセリフを読んで、どう返せばいいか書いてみましょう、という問題では、どうせわたしなんて不細工だし、ぼくはぜんぜん仕事ができないし、どうせ俺はイケメンじゃないし、どうせぼくは大した学歴もないし、という調子で、27問のセリフが問題として出される。それに対する解答例は、すべて、そんなことないよ、の一辺倒で、いかに「自分なんてどうせ〜だし」という対人の場での自虐的な発言が無意味なものであるかを炙り出す。

著者は言う。「本当に自信がない場合は、人の言葉を奪って自分を慰めるための道具に使ったりしません」。この言葉は重い。他人を使って自分を慰めるような人間には、まだ絶望が足りない、本当に最低だと思っているのなら、それを隠さないと生きていけないはずなのだから、という要旨の記述は、もう本当にもっともなのである。この甘えのようなものを他人に発揮し、そして発揮されたりもしながら、人間関係は確実にすり減ってゆく。延々と優しいもたれ合いに甘んじられるほど、人の包容力は無限ではない。けれどそういうことは、人目に付くところではなかなかはっきりと記述されないのだ。

メディアにおいて商品やサービスを売ろうとする人々は、そのために嘘《うそ》をつき、不安をあおったり人をおだてたりする。本音を話しているという態《てい》のえらい人たちは、その実、地位にあぐらをかいて、誰の目にも明らかな誰かの弱点をあげつらいながら自分の居場所に糊《のり》を塗っているだけだ。大人になると、周囲の人々も大人になるので基本的には優しく、積極的にこちらの欠点を指摘してくるような人は、人に欠点を指摘している場合ではないぐらいの人格的な問題を抱えていることがほとんどだったりするから、関わらない方がよいということになる。結局、自分に対して有効にチェック機能を働かせることができるのは自分自身ということになり、たゆまぬ自己反省が必要とされる。マイナス思考というと特殊なことのように思えるけれども、この本が提供してくれるのは、自分を省《かえり》みることの有効性と、そうすることは辛いけれども、少しは報われるかもよ、という、非常に実際的で誠実な視点なのである。

余命18日をどう生きるか

田村恵子

2010年　朝日新聞出版

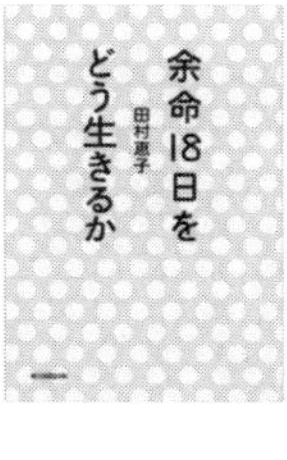

いつも自分に病気の疑いをかけている。きっかけは、五年ほど前に痔《じ》を患《わずら》い、いろいろ調べているうちに、自分は大腸がんなのではないかと思ったことで、そこから常に、何らかの病気のリスクを自分自身の体や生活に見いだしては怯《おび》えている。肉食気味の生活は大腸がんに、魚を食べずＤＨＡ不足であることからアルツハイマーに、頭の右側だけが痛む時があるので脳梗塞《のうこうそく》に、生活が夜型であることから乳がんに、祖父母が患い、自分も炭水化物が本当に好きなことから糖尿病に、それぞれ順番に患うと思ってきた。その傍《かたわ》らで、でもそれ以外の病気で死ぬのが人生なのかもしれない、とも考えている。結局、どれだけ

考えても、自分がどの病気が原因で死ぬのかはわからない。

死ぬことについて考えるのが癖《くせ》になっているのかもしれない。決して楽しい想像ではないのだが、死ぬことをずっと想像していることによって、本当にその瞬間が訪れたときのショックを無意識に和らげようとしているのかもしれない。祖父母の死に際に立ち会っても、死にゆく感覚というものはほとんどつかめていない。

そのつかみ難い死への接触を、18日が平均入院日数というホスピスの看護師という立場から、どこか写実的に説明してくれるのが、この本である。自分は何の病気で死ぬと思いますか？　という雑談を持ちかけた出版社の担当さんが、たまたまこういう本を作ったのだ、ということで送ってくださった。

死に直面することになった人々が、決して長くはない死に向かう日々の中で、どのように心を苛《さいな》まれ、そしてどのように成長してゆくのか。著者の田村さんは、明快な語り口で読み手に説明してくれる。「成長してゆく」という言葉に違和感があるかもしれないけれども、死を前にしながらも、人間は学び、それまでよりも強くなるのである。そのことにまず驚いた。なかなか家族に病気のことを切り出せなかった三十代後半の女性が、娘と話すことによって、我が子とともに自分に課せられた試練を受容していく様子や、二十代半ばで患った若い女性が、ほとんど最後まで自分のやりたいことに対する希望を失わず、残された家族のことを慮《おもんぱか》って亡くなってゆく記述は、悲愴《ひそう》な病気や死の影をも照らす、人間の可能性のようなものを感じさせてくれる。

厳粛でありながらも柔らかな田村さんの話には、死に瀕《ひん》した彼らの物語を、美談として消費させるのではなく、読み手を彼らが直面した死というものに向き合わせる力がある。それは、読んだから病気にかかりにくくなる、というようなダイレクトなものではないけれども、死が近づいてきた時に、それを少しでもしっかりと見つめさせてくれるような、強さとでも言えるようなものを、いつか呼び起こしてくれるような予感がある。〈みなさん、自分のことを「死なない」と思いこんでいるのではないでしょうか?〉という言葉にぎくりとさせられながらも、この本は、普通の人々の死を通して、輪郭の見えない、誰も体験したことのない「死」を少しだけ身近なものにしてくれる。

個人的に興味深かったのは、第3章で少しずつ明かされる、田村さんがホスピス看護師になるまでや、ホスピスと死を取り巻く様々なものへの解釈である。たとえば、亡くなっていく人が家族と旅行に出かけることについて、「思い出づくり」であるという一般的な物言いを田村さんは否定する。〈自分が今ここを生きているという、今を実感したくて旅行に出かけたくもなるように思えるのです〉という言葉には、死が接近してきても、死は人間のすべてを支配することはないのではないか、という感触がある。また、最期まで元気でポックリ死にたい、というよくある願望に対して、〈「体が弱っていくことも含めて人生なのである」と思えるかどうかなのではないでしょうか？〉と提案する。これは個人的に、目から鱗《うろこ》というか、本当に読めてよかった言葉だった。

この本のすばらしさは、失ってゆくこと、弱ってゆくことを否定しない点にある。確実に死の途上にあっても、それはあくまで途上であり、死もまた輝いた生の一部なのだ、と直感させてくれる。貴重な知恵を分けていただいたように思う。

ユーモアの鎖国

石垣りん

1987年　ちくま文庫

石垣りんさんの書かれたものに初めてふれたのは、中学生の時に通っていた塾でのことだった。国語のテキストの読解問題に、エッセイである「朝のあかり」が出題されたのだった。有名な詩である「崖」や「シジミ」は、その後、また塾のテキストだか学校の教科書だかで学習した。どちらも、大人になった今改めて鑑賞すると、胸に迫るものがある。生きていること、もしくは死ぬこと、を今までになかった角度からスライスして提示するような緊張感と、しかし裏腹のおかしみを持っている。

東日本大震災が起こり、日常的に節電が叫ばれるようになってから、わたしはやたら

「朝のあかり」のことを思い出すようになった。中学生の時は、「夜が来たら、たとえ二つの部屋の片方に家族が集まっていても、あいているもうひとつの部屋を同じように明るくしておきたい。台所も手洗いも、みんな電気をつけておきたい」と言うその内容について、でもそれはエコロジーに反する、と変な反感を持ったりしたのだが、今、夜遅くまで仕事をする身分になり、石垣さんの言っていたことがしみじみ実感を持って思い起こされている。文章を書くために、夜中の二時に起き出して、風呂に至るまで、自分の通る場所の電気を少しずつ付けていきながら、ともかく鈍く安心する。暗いことがあまり好きではない、というのもあるのだが、こんな時間でも起きて動いていていい、と思える。ときどき、風呂に浸《つ》かりながら、自分は一日いくらまでならこの電気の使用に払えるのだろう、と考える。

今「朝のあかり」を読み返してみると、なぜ反感を感じたのかと不思議になるぐらい、笑ってしまうような、且《か》つ、他人ごととは思えない内容である。家族が寝静まった後も、自分の部屋にだけ電気がついていて、「もったいない」と責められた石垣さんは、居直ったあげく「デンキぐらい、なんの楽しみもない私の道楽なのに」と泣き落とす。それからは、日曜の朝になっても電気はつけっぱなしである、とエッセイは終わる。わたしも、休みの日の前日は、文章の仕事をせず、録《と》り溜めた番組を見ながら布団の中に入ってそのまま寝る。余力があれば電気を消すが、なければそのまま朝になる。エアコンは28度を死守しようと試みるけれども、疲れている夜には明かりがどうしても恋しい。

そんなエッセイの書き手の石垣りんさんは、十四歳でおそらく一般職として銀行に採用され、五十五歳の定年まで働く傍ら、詩作に打ち込んだ。二十一歳の時に太平洋戦争が始まり、二十五歳で敗戦を迎えた。家を焼かれた。生涯結婚をしなかった。進学せずに、就職を選んだ理由は、自分で好きな本を買って詩を書いたりしたかったから。

働く女の人は、「事務員として働きつづけて」をぜひ読んでいただきたい。戦後も今も、職場での女の人の立場はほとんど変わっていないように思われる。男女が同じ権利を持つ職場は、たぶん今もほんの一握りだ。でも石垣さんは「私は会社にとり入る心、会社が必要とする学問、栄達への努力をしないで働くことが可能でした」と、会社に魂まで売り渡さなくてすむ働く女の人の自由も提示してくれる。制限されたり、月給が低かったり、立場が弱いこととも裏腹のこの自由は、わたしが会社員をやってきた中で強く感じたことだった。有名な詩である「私の前にある鍋とお釜と燃える火と」にもあるように、女の人が知識も心も豊かになろうと意思する時、それは男の人の模倣でなくても良いのだ、ということを、石垣さんははっきりと示す。女の人とハンドバッグについて語る「宿借り」、老女二人組の靴磨きの孤高の姿についての「おそば」、会社のユニフォームがおしゃれなものに変わりそうということに慄然とする「事務服」もいい。

戦争のことと生活のこと。この二つが、石垣さんの詩やエッセイにおいて大部分を占めるテーマであるように思える。戦時中、スイスという永世中立国があることを知り、いいなあと憧れた石垣さんが、現代において、どこかの紛争地域が日本という国をそんなふうに思っているのだろうか、と思いを馳せる一節は非常に味わい深い。「戦争の記憶が遠ざかるとき、／戦争がまた／私たちに近付く。」(「弔詞」)と詠むほど、戦争が過去のものになりつつあった日本は、震災やその他の問題によって、別の方向から焦燥へと駆り立てられている。そして生活は今も、生きている人の心に重くのしかかりながら、時に驚くような一瞬の光を見せる。だから石垣さんによって書かれたことは、たぶん永遠にアクチュアルな事象なのだ。

輝かない　がんばらない　話を聞かない
働くオンナの処世術
深澤真紀

2011年　日経BP社

他人は本当に好き勝手なことを言う。それは必ずしも、言葉を届ける対象のためのものではなく、どちらかというと、発する側の事情を根拠とするものが多い。たとえば、「眉は女の名刺だ！」とか、「予定の数だけ服がいる」という女性誌の煽り文句は、啓蒙《けいもう》というよりは、その雑誌にかかわる編集者さんやライターさんが、インパクトを与えて少しでも受け手に興味を持たせ、雑誌を手にとってもらえるように、頭をひねって考え出されたものである。世の中にあふれかえっている、さまざまな刺激的で受け手を焦燥《しょうそう》に送り込む文言は、基本的には商売のためのもので、その裏にはごはんを食べなければいけない人が

いるんだよな、と考えるようになると、いろいろらくになった経験がある。

問題は、利害関係のない人が、彼ないし彼女自身の自尊心やその他複雑な感情のために、他人に「あなたのためを思って」などという枕詞《まくらことば》つきで発する、直截《ちょくせつ》に手厳しい批判であったり、やんわりとはしているけれども、皮膚組織に染みこんで拭《ぬぐ》えなくなるようなねっとりした助言である。そんなことを言ったって、その人にお金が入ったりするわけではないので、言葉は一見、善意の元に発されたアドバイスのように見える。でも本当は、金銭が絡まない分、よけいにたちの悪い脅迫であったりする。そうやって他人を操作し、感情的な報酬を得ようとする人間は、幼稚園の砂場から、老人ホームの談話室まで、人生のいたるところに出現する。

そういう人々への恨みが深すぎて、前置きが長くなった。この本は、そういう一切のあほみたいなしがらみから、人を解放してくれる本だと思う。確かに、前述の後者と同じように、アドバイスをしてくれる本なのだが、実用度が十桁《けた》ぐらい違う。「愚痴《ぐち》の発表会をしない」、「『幸せ』を目指さない」、「仕事で成長なんてしなくていい」、「『空気を読める』

なんて幻想」「許さなくていい」、などなど、目次を見ているだけで実際感がこみあげ、おおおお、と思わず唸りたくなる。そういうことか！　という爽快感でいっぱいになる。

この本のすばらしいところは、読者を甘やかすゆるさを売りつけるために、前述のような「しなくていい」を挙げるのではなく、「どうしてそれが必要ないのか」を、ちゃんと説明してくれることだ。たとえば、どうして愚痴の発表会をしないほうがいいのかというと、人のあら捜しは、「日常をドラマチックにしたい」という欲望に基づくもので、だんだん癖になってくる、それよりは、自分に愚痴を言わせそうな物事に対して手を打ったほうがストレスにならない、ということになる。

物事への対処法も、精神論を振りかざすのではなく、とても具体的で参考になる。たとえば、「心に雨戸を閉めてもいい」という章では、上から目線で何か言われた時、どうしても心が他人の言葉を受け付けない時に、相手の話をちゃんと聞いているふりをする方法として「オウム返し」をすすめてくれる。

〈相手「いい年して何考えてるの」

自分「確かに、いい年して何考えてるんでしょうね」〉

という一節は、思わず笑ってしまうし、実用的で本当にすばらしい。また、「わかってもらおうとしない」という章の、八つ当たり的な圧力をかけてくる相手に対する、「黙る」という対処法における、黙り方の作法と、それでも責め立ててくる相手に対する、「今、何言ってもダメだと思うから……」と悲しそうにつぶやいてその場を立ち去るという逃げ方の説明も、読み物として爆笑しながら、そののち深く感じ入る。

サブタイトルにある「話を聞かない」という提案は、本当に画期的だと思った。「人の話をちゃんと聞こう」というのは美徳だけれど、それに付け込んでくる人間は多数いる。それでも誠実であろうとして自分が傷つけられたら元も子もなく、「話を聞こう」という心意気さえ傷を負う。「誠実な相手にだけ誠実に対応するのが処世術です。私たちには時間も労力も限られているのですから」。深澤さんの力強いこの言葉を必要としている人が、この世の中には無数にいるはずだ。

モラル・ハラスメント
人を傷つけずにはいられない

マリー＝フランス・イルゴイエンヌ

高野 優／訳

1999年 紀伊國屋書店

よほどひどい人間に頻繁に出会わない限り、そんなに悪い人っていないよな、と我々は思いたがっているふしがあるのだけれども、どっこいそんなことはないのである。性格の悪い人は、この世のいたるところにいる。「彼ら」は、こちらの慎重な振る舞いや注意や気遣いなどものともせず、強引に懐に入り込んできて、言葉の刃物を振り回す。そうせずにはいられないという感じである。自分が何かうかつなことを言って嫌いになったのなら申し訳ないな、と距離を置いても追ってくる。そんなことをされてもどうしようもない。自分なら、または他の普通の人ならば、嫌いな人間がいたらできるだけ遠ざけて、それで

おしまいである。あとはときどき内輪で思い出したように愚痴《ぐち》を言うぐらいだ。しかし「彼ら」は違う。追いすがって、力の限り傷付けようとしてくる。その気持ちの向け方は、「嫌い」の段階をゆうに超えて、「憎悪」にまで達している。こちらは憎まれることなんて何もしていないのに、理由がわからない。

理解しがたいほどの性格の悪さというのは、歴史に名を残すような悪人や犯罪者以外の、そのへんの人間における資質としても存在するということがとくとくと説かれる、厚い、つらい本である。夫婦、親子、上司と部下、同僚同士など、フランスのモラハラ事例も満載だ。本書を読んでいると、前述の「憎まれることなんて何もしていないのに」という苦情が見当違いであることもよくわかってくる。彼らにとっては、相手が相手であることがすでに憎悪の根拠なのである。エリアーヌとピエールという夫婦が離婚する時に、ピエールが判事の前で言った「ぼくはこれから一生、エリアーヌの邪魔をすることに身を捧げます。それがぼくのたったひとつの目的となるでしょう」という台詞が、その異常な偏向を物語っている。モラルハラスメントの加害者になるような人間は、生存するために被害者を見つけてモラハラをするので、被害者に逃亡されては困るのである。どうやら、加害者にとって被害者は、自分から一方的に攻撃してもよい対象なので、被害者が行動して言うことをきくだけの存在であることをやめると、加害者側からしたらそれ自体が脅迫であり、攻撃として映るらしい。なので、被害者意識を持った加害者は、よりいっそう攻撃の手を加えることになる。

もう、どえらく勝手な話なのだが、実際にこういうことはあると思う。本書は、その実態、加害者像（自己愛が強く自分の内的葛藤を一人で引き受けられない）、被害者像（自責しやすく利他的なところがある）をある程度明らかにした上で、具体的にどのようにして身を守ったらよいのかを教えてくれる。個人的に参考になったのは、被害者が加害者の暴力を避け、憎しみを和らげるために愛や優しさでもって接するのは誤り、ということ（そんな余裕を見せつけられたら、基本的に余裕のない加害者は余計に攻撃的になるそうだ）、夫婦間のモラハラに関しては、あとで攻撃の材料にされるだけなので、相手の非難に対して弁明はせず、できれば近所の人に言葉の暴力を聞き届けてもらうぐらいがいいこと、職場でのモラハラに対しては、手紙やメモ、ファックスなど、相手の侮辱や中傷を証明するような物は保存しておくかコピーをとり、相手の命令や指示に曖昧なところがあったら、不正確な点や疑問に思った点を明確にしておくことなどである。

また、「職場」での項目にあったものの、あらゆる人間関係にも適用できそうなのは、相手の挑発には乗らず、言葉の裏に潜む攻撃には無関心を装うことで、特に「心のなかに一定の枠を設定して、常識的に考えて不当だと思われる言葉はまともに受け取らないように」し、相手がほのめかしを使う場合は、言われたことだけを受け取り、そのほのめかしを無視しなさいというアドバイスは秀逸であるように思う。直接的に「おまえはダメだ」と責め立てられることも辛いが、遠回しに「世間一般で見るとダメなんじゃないの？」だとか「ダメかどうか自分で考えたら？」とか「へえ、どうだろ？」などとぼかされるのも辛い。攻撃的とは見られず、セーフラインを保ったまま、後者を多用して日常的に人を傷つける人物はたくさんいるだろう。でも、そういうほのめかしに対して、言外の意図をいちいち汲《く》み取ったりしてやる必要はまったくないのだった。

残念ながら、こうしたら加害者を排除できる、とか、こうしたら絶対に被害に遭わない、といったような、劇的な解決法は、本書には書かれていないし、ないのだろうとわたしも思う。ただ、第2部第6章「加害者とはどんな人間か」だけでも一読の価値はある。誰かを傷付けずにいられない人はいる。ただ、道義を装う彼らがこんなにも不安で空虚だと知れば、攻撃を受けた側の、得体の知れない悪意に嚙《か》みつかれたような恐怖がいくらかは和らいで、適切な防御の態勢へと移行する助けになってくれるように思うのだ。何より、著者イルゴイエンヌさんの強い口調と、被害者への共感は、その存在だけで辛い思いをしている人たちの支えになるのではないだろうか。

「つながり」の精神病理

中井久夫

2011年　ちくま学芸文庫

今まで、メンタルヘルスに関することは意識して避けてきたし、これからもやたらに興味を持ったりすることはないだろうけれども、さる編集者さんがふとしたきっかけで贈ってくださって、非常に興味深かった一冊である。

本書で取り上げられるのは、たとえば、「トラウマ」という言葉を耳にして想像する、誰かからの非道な虐待であったり、悲惨な事故であったり、といった大きな事に晒された上で、心を病んでしまう事例ではなく、どちらかというと、日常にある微《かす》かな歪《ゆが》みに、継続的に侵蝕《しんしょく》されることによって、ある日道を間違えてしまう、といったニュアンスのものが多く、親しみやすいという言葉は変かもしれないけれど、やはり、心当たりの一つや二つを覚える症例が出てくるだろう。一九八〇年に起こった「神奈川金属バット両親殺害事件」でさえ、外側は凄惨《せいさん》な尊属殺人だけれども、そこに至るまでの心の軋《きし》みの積み重ねは、決して特殊なものとしては本書では説明されない（要約すると、加害者である二浪している次男は、両親の頑なな不仲によって、互いに一切口をきかないその二人の間の伝書鳩《でんしょばと》のような役割を家庭内で押し付けられていたのだが、ある日突然両親が和解したがために、二人がかりで勉強のことや金を盗んだことを責められ、暴発した、とされる。ここで問題になるのは、浪人生活でも両親が責めたことでもなく、長期間にわたって両親が彼を歪んだ伝令役として使役していたことである）。

だからこの本は、深い大きな傷というよりは、浅い無数の傷を負った人間に有効な本なのではないかと思う。本当に疲れているのだけれど、何が悪いのかわからない、周囲の人も基本的にはいい人だし、自分が神経質すぎるのかもしれない、強くならなければ、でも簡単に強くはなれない……、といったことに日々心を悩ませている人が、はっとするような記述がそこかしこにあるだろう。個人的に、私が非常に腑に落ちたのは、感情を口に出すことが多い家族（high emotion-expressed family、略して high EE family。たとえば誰かが外出するとなると、「あ、どこへ行くの？」「おそくならないようにするんだよ」「その服装ではみっともないよ」「しゃんと背を伸ばして歩くんだよ」「人に遊んでいると思われないようにね」「へんな友達を連れてくるんじゃないよ」などと、一つ一つはごく普通のことを、しかし雨あられのようにぶつける）の中では、統合失調症の再発率が高いという話と、サールズという人の「相手を狂気に追いやる努力」という論文に触れている一節における、頻繁な（話題の）チャンネル変更や、波長合わせを抜きにしたコミュニケートが相手をクレージーにする、という記述である。波長合わせを抜きにするということは、具体的に「本人が気づいていない真実を不適切なタイミングでずばりと指摘すること」が第一に挙げられるそうだ。また、バリントという人は、「統合失調症を作る母親」がどんな母親か知らないが多分子供との波長合わせの下手なお母さんだろう、と言っているともいう。

わたしは統合失調症ではないと思うのだけれども、この発見には、本当に救われたような気がする。変な物言いなのだが、そういうことでおかしくなってもいいんだ、と、荷が軽くなったような気がした。それで、「しんどかったこと」の総数が減るわけではないのだが、少なくとも、「自分の忍耐が足りなかったから」「自分が弱かったから」という自責からは逃れられる。これはとても大きなことだ。自分自身が、相手のチャンネルへの気配りを意識できるようになるのも大事だと思う。

また、「精神健康の基準について」という指標の的確さや、正常に生活している人間こそ無数に人格を分裂させて生きているのではないか、という目の覚めるような指摘など、読みどころは枚挙に暇《いとま》がない。結局、ごくごく普通の結論なのだが、気安い周囲の人にこそ、丁寧に接さなければならない、と強く思うようになった。接する機会が多いことは、傷つける機会も多いことだ。大きな傷一つで人間は倒れるけれども、浅いたくさんの傷もいずれ人を病ませる。そのことについて、ただもやもやするのではなくちゃんと説明をできるようにしてくれる、非常に画期的な本だった。

ケアの倫理
ネオリベラリズムへの反論
ファビエンヌ・ブルジェール
原山 哲、山下りえ子／訳
2014年 白水社 文庫クセジュ

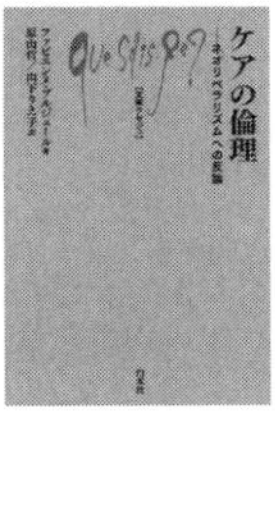

わたしの文章は何者によって書かれているか。それは当然、わたし自身ではあるのだが、わたし自身に関わる無数のことが、ただ少し背中を押しただけとも言える。文章を書ける環境を形作ってくれるものも、おそらくはその「書いている」もののうちのひとつなのだと思う。特に、家の外で文章を書いている時それを感じる。喫茶店のウェイターさんであったり、ファミレスの店員さんであったり。彼らの、こちらの心に波風を立てさせない一定の穏やかな態度と、長い時間席を占領して仕事をしていてもとがめだてしない寛容さが、わたしの文章を「書いている」。

この本を読むと、自分の周囲における、職業的であったり私的であったりする無数の気遣いに思いを馳せずにはいられなくなる。「人は一人では生きられない」という、この本が突き付けてくる事実は、何もありきたりな男女間や親子間の関係にはとどまらない。一人の人間が、寝床から起きて服を着るというだけのことにも、ベッドを作る人、シーツを縫う人、服の生地を作る人、それを加工する人など、無数の人が関わっていて、その総体が、「人は一人では生きられない」ということなのである。

〈「ケア」とは、脆弱《ぜいじゃく》と依存にある他者に配慮することである〉と裏表紙にはある。平たく言うと、赤ちゃんやお年寄りといった、物理的に一人では動けない人々を始め、社会的に弱い立場に立たされた人々、災害などでやむをえず力を失った人たちを気遣うことを意味する。この本が非常に興味深いのは、その「ケア」に関わる人々が社会的にゾーニングされていることや、人々を取り巻く無数の「ケア」の本当の価値を見えなくさせているネオリベラリズムの価値観を解体してみせることにある。

社会的なゾーニングに関しては、性別的と言い換えても良いかもしれない。要するに、介護や看護の職についていたり、会社のような場でも、気遣いや気配りをする役割を求められたり、進んで引き受けるのは女の人がなんだかんだで多いよね、という感じのところから話は始まるのだが、この根拠についての、男：「だって女は女で女だから人に優しくするもんだろう?」、女：「だって女は女で女だから優しいのよ」という思考停止から一歩踏み出した考えへと、この本は導く。かなり複雑な文脈で説明しなければいけないので、わたし自身の言葉で書かせてもらうと、要するに、『女性＝ケアする人』という図式は、「だって女は母親になるんですもの、優しくなければ」というような物言いではぜんぜん説明できていなくて、男女の成育歴の違いや、家父長制の価値観など、様々な要因が重なってできあがるものであり、また「おれは外で稼いでくるんで女は家で子供と老人の面倒でも見て、おれが家に帰ったらおれの世話をしろ」という状態に置かれてきた女の人たちが、「面倒とか世話は、あんたたちが外でやってくる仕事より価値が低いのか?」という疑問を持つことによって、その価値が見直されるべきものなのである。「女性」という部分に関しては、「移民」や「より収入の低い人々」と言い換えても良い。

一人では生きられない人間たちの生活を下支えする「ケア」の仕事は、資本主義の生産性、言うなれば、「外でお金を稼いでくること」に劣るのか？　もちろんそんなことはない。すべての生産活動は、「ケア」によって支えられているし、それはあらゆる人間に行き渡らなければならない。そしてそれに携わる人たちは、従来の通りの「家の中にいる女の人」なのであるというモデルは、今日の様々な家族の在り方——両親のいる家庭もあれば、一人親の家庭もあるし、異性婚の家庭もあれば、同性婚の家庭もある——においては、もうとっくに時代遅れのものとなっている。ソーシャルワーカーについて言及した一文が、非常にニュートラルに、仕事としての「ケア」をとらえている。〈ソーシャルワーカーの能力は、「関係の術」であり、技術や知識に基づいている〉。「ケア」は、自分ではない誰かを心配する、という気持ちを出発点として、技術や知識を身に付けて為《な》される。そして、性別や社会的な階層によって、「ケアに携わるべき人」と「携わらない人」は区別されるべきではないのである。

生産性の高い人たち、つまり、稼いでいる人たちや、それを取り巻く拝金主義者たちが後生大事に崇めている生産性の裏には、無数のケアがあり、無数の人々が、時には不当な給与で支えている。そのことを、改めて指摘し、解きほぐす本でもあると言える。とても観念的な本だったので、筆者の解釈や記述が乱暴だったら申し訳ない。けれども、「誰かに優しくしようとすること」が、なぜそんなにも価値があることだと個人的に思えるのかについて、鋭い示唆を与えてくれる本だった。誰かを気遣う、心配する、誰かに優しくしようとするという行為は、おいくらになるかならないかという価値観の外で、確かに正しく、尊重されるべきことなのである。

ヤバい経済学

悪ガキ教授が世の裏側を探検する

スティーヴン・D・レヴィット、スティーヴン・J・ダブナー

望月 衛／訳

2007年増補改訂版　東洋経済新報社

プールと銃ではどっちのほうが危険か、ヤクの売人は儲かってるイメージがあるのになんで母親と同居しているのか、アメリカで一九九〇年代になって犯罪率が大幅に下がったのはなぜか、などなど、普段は疑問にも思わないけど、教えてあげようと言われると、知りたい！　と諸手《もろて》を挙げたくなるような疑問が次々と解消されていく。ちなみに答えは、プールと銃ではプールの方が子供の死亡率が高く（プールは一万一〇〇〇個あたり一人、銃は一〇〇万丁あたり一人弱）、ヤクの売人で儲かるのは本当に上の方の一握り、犯罪が減ったのは一九七三年に中絶が合法になったから、である。かように本書では、なにが取

り上げるべき価値があることでなにがそうではないか、みたいな堅苦しい選択はなく、基本的に著者である経済学者のレヴィットさんが「え？　なんで？」と思ったことが、お金の話とともに明かされる。本の中に何回も何回も出てくるのが、インセンティブ（誘因）という言葉で、人間は経済的なものだったり道徳的なものだったりするこのインセンティブで何かをやったりやらなかったりする、ということがおおまかにわかる。

だいたいどの話もおもしろいのだが、個人的にとても楽しかった一例をあげると、アメリカ海軍のために兵器購入費を分析する仕事に就いていたポール・フェルドマンさんという人が、職場でベイグルを配っているうちに、それが膨大な数になって代金をとったりするようになり、更にそれが高じて料金を自分で入れるタイプの配達ベイグル屋さんになって判明した様々なことである。フェルドマンさんの主な配達先はオフィスで、「ベイグルを食べ」「代金を箱に入れる」ことは自己申告に任せていたため、人がベイグル代の1ドルや、料金箱を巡ってどんな行動を取るかが赤裸々にわかるようになっている。たとえば、一九九二年からはゆっくりと下降気味になっていた代金の回収率（87％まで下がった）が、二〇〇一年の九月十一日を境に2%上がって、そのまま下がらなかったということがあって、これは、アメリカの同時多発テロが愛国心や思いやり精神を高め、それがお金をちゃんと払うという行動に結びつきやすくなったと考えられる。また、オフィスの規模がより小さいと代金の回収率が高いというのは、周囲の視線を気にする恥の感覚とも関係があり、オフィスが大きいと利用する人数が多い分それも薄まっていくということである。天気もまた回収率に作用する。季節外れの悪天候だと回収率が減り、好天だと高くなる。

本書は、こういった実際的な話から、お金と人間の関係について読み解いてゆく。そればかりか話は、ヤクの売人の帳簿や、完璧な子育てとはどういうものかということ、勉強のできる子の名前とそうでない名前、などといったことにまで広がってゆき、それらをデータから分析する。特に、子供と親の関係とその環境について、数字からはじき出される結果は興味深い。「子供に読み聞かせをすること」はあまり子供の成績には関係がなくて、「家に本がたくさんあること」が関係していることは何を意味するのだろうか?

お金と数字とインチキのことを遠慮のない手つきで扱いながら、この本には不思議と人間味が漂っている。それは、お金も数字もインチキも人間の生み出したものだからだと言えるからかもしれないし、ヤクの売人を研究して六年もスラムの団地で暮らしたインド系の研究者の話や、「インセンティブ」という言葉の次に登場する「通念」（自分にとって都合の良いことを真理に結び付ける考え方）というものに対する、「変だと思うんなら疑ってかかれ」という骨太な態度からもうかがえる。子供の人生は親で決まってしまうようなところはある、という不公平の既定路線の中にも、偶然は訪れることを認める。印象的に言及される「母親に捨てられ、暴力をふるう父親がある日犯罪を犯して十二歳で自立を余儀なくされた黒人の男の子」と「文学サロンを開くような教養のある両親に育てられ、飛び級を果たし、担任の先生からは数学の天才かもと思われている白人の男の子」の比較の話に決着がつく最終章では、鳥肌のようなものが立った。

お金は不公平だし、子が親を選べないということはもっと不公平だ。けれどもそのことを厳粛に認めて考え抜く意志と頭があったならば、そのシステムに風穴を空けることはできるかもしれない。そのためにはまず、インチキと不公平を自分の中で可視化する必要がある。本書は、そのガイドとなってくれる本なのではないかと思う。

貧乏人の経済学

もういちど貧困問題を根っこから考える

A・V・バナジー、E・デュフロ

山形浩生／訳

2012年　みすず書房

ちょっともう自分でげんなりするほど付箋《ふせん》を貼っていて、要点の整理にすごく時間がかかった、というほどおもしろい本だった。付箋を貼らずに読める、付箋を貼っても後で整理する必要がない人にとっては、付箋を貼りまくったわたし以上にらくに、興味深いと思える本だと思う。うらやましい限りである。

貧困が世界に蔓延《まんえん》していることは周知の事実だけれども、それはどうして今も大してましにならないのか、そして、そこで生活している人々は何を思って、どのようにくらしているのか、その他、貧困についての本当のところと、ならばどうしていけばいいのか、ということが語られる本である。また、貧困について学びながら、自分自身のこと、一般的な人間のものの考え方についても知ることができる本であると思う。うーん何も知らなかったなあ、と反省しつつ、ときどき自分に照らし合わせてもとてもあるあるなことがたくさん書いてあって、自分自身や他の周囲の人の、お金に対する不可解な行動の理由も、そういうことなのか！　とわかってくる。ある意味爽快な本とも言える。

たとえば、インドの貧乏な人々は、どうして利息が高いとわかっていながら、銀行やマイクロファイナンス（後注）ではなく、地元の高利貸しからお金を借りるのだろうか？そこにはとても複雑な構造や利害があるのだけれども、ざっくり言うと、利息が高いと人は借金を踏み倒したくなる↓踏み倒せないように、監視を強化しなければならない↓コストがかかる↓なので銀行は、踏み倒すような人にはお金を貸したくないと思う↓債務者を痛めつけるような地元の高利貸ししかお金を貸してくれない、というような、実はとても理にかなった流れがあり、高利貸しより利息の低いマイクロファイナンスから借りないのは、週ごとに一定額の返済と返済方法が固定されていて柔軟性がないのに対して、高利貸しにはどのように返してもいいから、という理由があるそうだ。

また、ケニアの十五歳から十九歳の女の子達は、同年代の男の子達に対して五倍もＨＩＶの感染率が高いのだが、これを抑えるにはどうしたらよかったか？　こちらは、女の子達に、自分と同年代の男の子達か、お金を持っているおじさん世代の男性のどちらがＨＩＶウイルスに感染している可能性が高いかを教えるだけで、感染率が減ったのだという。要するに、女の子達が性交渉を持つ相手の世代を、年上から若い人に変更した結果なのだが、ならどうしてそれまで女の子達が年上の男性を性交渉の相手に選んでいたのかというと、女の子が妊娠した場合、お金を持っている年上の男性ならば、結婚して家庭を持ち、家や学校を出られる可能性があるが、同世代の男の子だとそれはできないから……、という周到なリスクヘッジ計算の下の行動だというから驚く。しかし、年上の男性からの方がＨＩＶを感染させられる確率が高いというのなら話は別なのだ。

貧しい人こそ、長期的な大きい成果を待つ余裕がないため、栄養のある食べ物以上に美《お》味《い》しい食べ物を選んで食べている、という記述も強烈に印象に残る。わかる。栄養がどうのこうのとかっていうのは、日本であってもちょっと余裕のある人の発想だから。このように、海外の貧困層についての分析を読みながら、まるで自分のことを言い当てられているような気分にもなり、今までなかなか想像しにくかった、「お金がないということ」の実態が少しずつ見えてくる。

本書は、だから貧乏人はだめなんだ、とさじを投げるのでもなく、こうなった責任は誰々にある、と責めるのでもなく、だから世界のみんなで助け合いましょうね、と微笑むのでもなく、落ち着いた態度で貧困の現状を調査し、分析し、どうしたらいいのかについて、現実的な解決方法を探る。この、一つ一つの状況に対して、いちいち考えていくしかない、誰も彼もに対して有効な手段はない、と言える忍耐強さは信頼に値すると思う。本全体を通して、著者たちが強調しているのは、貧困に陥っている人たちに希望を持たせることの大きさである。たとえば、貧乏な人たちと貯蓄の関係についての、教育、保険、安定した職、社会的なセーフティネットのうちの一つでもあれば、安心感が生まれて貯蓄を促すことができる、将来に希望があるという感覚を作り出し、意思決定能力を直接低下させるストレス水準を引き下げることができる、という指摘などに代表されるように、人々を「投げやりにさせない」政策や援助が大事で、そこに辿り着くには、その状況ではいったいどういう状態の誰にどういった具体的な援助をすればいいのか、どんな小さなところから改善していけばよいのか、ということを著者たちは根気よく解《ほぐ》してゆく。その過程はとても刺激的で、ものすごくおもしろい。熱くならないけど、簡単には見捨てないし諦めない。そういう著者たちの態度は、我々が、世界の貧困のみならず、身近な理不尽と向き合う際にも見習うべき態度なのではないかと思う。

注：貧困層を対象とした少額融資制度のこと。無償ではないが、無担保でお金を貸し出し、貧困層の自立を支援する。

アイデンティティと暴力
運命は幻想である
アマルティア・セン

大門 毅／監訳、東郷えりか／訳
2011年 勁草書房

結局のところ、自分はどこに帰属する人間なのかなどと考えたことはありますか？ たとえばわたしだと、日本人で、大阪市に住んでいて、一九七八年生まれで、女性で、文章を書いて生計を立てていて、若い頃から英語の音楽をよく聴いていて、この数年でスポーツを観ることを覚え、趣味は手芸である。それでたとえば、グリーンランドに住んでいる十歳年上の女性で、子供が三人いて、最近は音楽を聴かなくなったが、昔U2を聴いていて、ブラッド・ピットの映画だけは全部観ていて、刺繍が趣味だという人がいるとする。その人とわたしはまったく属性の異なる人間なのかというと、そうではない。わたしと彼

女の共通点は、刺繡が好き（わたしは手芸全般が好きなので刺繡も好きだ）というものがあるし、ブラッド・ピットが出ている映画の中にもわたしの好きなものはあるし、U2の話だって少しはできるかもしれない。またわたしは、三万年以上前にショーヴェ洞窟の中で壁画を描いた人にも、動物が好きだったんだな、動物おもしろいよな、という共感を覚えるし、マヌエル・クインツィアートという二歳年下でスペイン在住のイタリア人のサイクルロードレースの選手が、とてもオルタナティブ・ロックが好きで、ほとんど自分や自分の友達が聴いてきたような音楽を聴いているので、この人となら二時間でも三時間でも話せるだろう、と考えている。クインツィアート自身は、ものすごく濃い顔のイタリア人で、一見わたしなどとの共通項は一切ないように見える。しかし、いい音楽を聴くことをすごく大事にしていて、さかんにあれを聴いたこれがよかったとツイッターなどで発信していて、わたしはときどき参考にしたりもする。

自分のアイデンティティとは何か。実際のところは多様な人間自身を、「たった一つの要素に集約される何者か」と決めてしまうことが、暴力を行使したい側に利用されてしまうという状況を懸念しているのが本書である。「ある日突然、自分たちはルワンダ人であるだけではなく、厳密にはフツ族なのだ（だから「ツチ族を憎んでいる」）と教えられたり、本当はただのユーゴスラヴィア人ではなくて、実際にはセルビア人なのだ（だから「ムスリムなど絶対に嫌いだ」）と言われたりする」という出来事について、著者は、「暴力は、テロの達人たちが掲げる好戦的な単一基準のアイデンティティを、だまされやすい人々におしつけることによって助長される」と読み解く。どうしてこの世界において、人間同士の衝突が一向に収まる気配がないのか？　著者はその原因を、多様な人間のアイデンティティの矮小化に鍵があるとする。

アルカイダが攻撃した世界貿易センタービルのチューブ構造の概念を支えていた主要な技術者が、バングラデシュ出身のファズラー・ラーマン・カーンであるとか（注：バングラデシュはイスラム教国）、民主主義は西洋で生まれたものであるかのように思われているけれども、公共の議論の伝統は世界中にあり、聖徳太子《しょうとくたいし》の発布した十七条憲法にもそれが見られるということ、古代ギリシアの古典は、アラビア語の翻訳を通じてのみ後世にまで残ったということ、などなど、本書では、単純に人間を国とか民族とか宗教とか文明に分けることはできず、それぞれに影響し合って発展してきたのだと改めて学べる。また、イスラム教徒であったムガル帝国の第三代君主アクバルが「何人も宗教を理由に干渉されてはならず、いかなる人も自らの好む宗教の信仰が許される」を国是としたように、イスラム教徒であるから宗教的寛容性を欠くということではない、とも説明される。それらの語り口は柔軟で、知らず知らずのうちに世界に住む人々を無意識のうちに「分けて」いた自分の思考に気が付き、はっとさせられる。

また、反西洋という立場に立とうとするあまり、自らを「他者」とすることはない、という視点も印象に残る。「西洋で実際的にも象徴的にも重要な意味を持つ優れた建造物を崩壊させるような行為は（アメリカ同時多発テロにおける世界貿易センタービルの攻撃のことを示す）、あらゆる優先事項や価値観を凌駕《りょうが》するほどの西洋に対する執着心を反映している」という一文は強烈である。他人を的にして自分が何者かを決めるのではない。また、自分がどう生まれたかによって自分を決めるのでもない。自分が何者であるかは自分で選ぶのだ。論調は終始穏やかながら、「運命は幻想である」というサブタイトルは力強い。

収奪された大地

ラテンアメリカ五百年

エドゥアルド・ガレアーノ

大久保光夫／訳

1986年／1997年（新装版）　藤原書店

一九七一年に、当時三十一歳のウルグアイの作家によって出版された、ラテンアメリカの歴史に関する本である。中断してはまた読み始め、また内容を消化しきれなくなってはやめて、と、一年半あまりを掛けて読了した本だった。分厚い本なのだが、原注や年表を除いた本文は、416ページで終わっていて、そんなにまで長大な難物、という様子でもない。ただ、書かれていることの密度は非常に濃い。サッカーの強いラテンアメリカ、世界一の流域面積を誇るアマゾン川を有するラテンアメリカ、そして、地理や世界史の授業では決して教えてもらえなかったラテンアメリカの、五百年にわたる受難と失望の歴史を、

克明に、力強く描き出した書である。原題の「Las venas abiertas de América Latina」とは、〈ラテンアメリカの開かれた血管〉という意味である。本当に、このタイトルが、この本におけるラテンアメリカのすべてを表していると言ってよい。

きっかけは、二〇一〇年のワールドカップの時に、そういえばわたしはパラグアイという国のことを全然知らないなあ、とGoogleの検索ボックスに「パラグアイ」と放り込んだことだった。当然のようにWikipediaのページが出てきたのだが、怖ろしいことを読んでしまった、としばらく落ち込んだ。パラグアイは、十九世紀に、ブラジル、アルゼンチン、ウルグアイという三か国を敵に回した三国同盟戦争という戦争に敗北して、戦前には五十二万人だった人口が、二十一万人にまで減少したというのだ。人口の半分以上を占める、三十一万人の死である。今も寒気がする。それで、そのページを読んだ帰りに、この本を買いに行った。

以来、ずっとこの本に書かれていることを考えている。思い出さない日はないといっていいぐらい。新版への序の項目で語られる「われわれラテンアメリカ人が貧しいのは、われわれの踏んでいる大地が豊かだからだということ、自然によって特権を付与されている地域が歴史により呪われてきたということ」という矛盾に満ちた言葉の謎が解き明かされるにつれ、今度は、冷酷で詐欺的な世界規模の略奪と搾取《さくしゅ》の構造に自分も加担しているのではないか、知らなかったことこそ罪悪なのではないか、と頭を悩ませるようになる。

住んでいる人は貧しいが、肥沃《ひよく》である大地が、金持ちの国によって、直接的・間接的に買い上げられ、住んでいる人たちではなく、買い上げた国のためにのみ奉仕するということ。コーヒーを例に挙げる。「この植物はその破壊的な栽培方式により、その後に森林の荒廃、自然の貯《たくわ》えの枯渇、全般的な衰弱を残した。コーヒーの進出は、かつての処女地を無残に荒廃させ、略奪につぐ略奪によってその収益力を低下させ、植物をひ弱にして病気にかかりやすくしていった」。また、エルサルバドルとコーヒーの関係についての言及では、「そこでは、モノカルチュア（後注）のために、国民大衆にとって唯一のたん白源であるフリホール豆、とうもろこし、野菜、その他同国が伝統的に生産していた食糧を、外国から輸入せざるをえなくなっている。エルサルバドル国民の四分の一はビタミン不足の犠牲になっている」とある。嗜好品《しこう》しか作ることを許されない大地においては、体を作る栄養源をわざわざ高い金を払って他国（嗜好品を輸出している国）に頼ることになり、その負債を払うために、さらに嗜好品を作るために働き、大地は栄養を生み出さない、という循環構造になってゆく。

インディオの虐殺に始まり、土地を痛めつけるプランテーション、錫《すず》と銅と鉄を地下から抉《えぐ》り出すために犠牲になる抗夫たち、ある国の人口を半分以下にまで削り取ってしまった同士討ちの戦争、そして、現在にも連綿と続く、ラテンアメリカへの北半球の大国による掠《かす》め取りと辱《はずかし》めの構図。こんなにまで屈辱的な国々の歴史があったのかと震えがくるほどなのに、本書の語り口は力強く、その鮮やかな数々の告発の手際には、爽快ささえ漂う。

感情的なたわ言を最後に書かせていただくと、この本は泣ける。それはガレアーノの、ぼろぼろの歴史を持つ自分たちの大地を信じるという心意気によるものかもしれないし、書かれていることのあまりの悲惨さに驚いて、という類のものかもしれない。無数の人が殺され、無数の場所が切り裂かれることを語りながら、これほど生命力に満ちた本を、わたしは読んだことがない。なんなのだろうか。歴史の中で、虐げられながらも人々は生きたという奇跡の活写か。場所はまったく違うけれども、そうやって生きてきた人類の突端に自分がいるということに、本当に息を呑む体験をする。すごい本だと思う。

注：単一の作物だけを栽培する農業のこと。

わたしの外国語学習法

ロンブ・カトー

米原万里／訳

2000年　ちくま学芸文庫

いろんな角度から無類におもしろい本である。一九〇九年生まれ、一九三〇年以降の経済恐慌の頃から働き始めた理系のハンガリー婦人、ロンブ・カトーさんによる「私はいかにして外国語でごはんを食べるようになったか」という回想として、親の仕事の都合で外国住まい、だとか、わたしはスイス人で公用語が三つあるの、などといった特殊な事情がない一般的な学習者のための、実際的かつ庶民的かつ喜びに満ちた外国語習得法として、最後は、同時通訳という仕事を通した、その興味深さとエピソードについてまとめた随筆として。十四のヨーロッパ系言語と中国語、日本語を身につけたというロンブ・カトーさ

んは、カバー折り返しの著者略歴によると、五か国語の同時通訳、十か国語の通訳、十六か国語の翻訳が可能なのだそうだ。

まあありえないことだ。改めてプロフィールを書くと思う。うそかもしれんと言い出す人もいるかもしれない。しかし、彼女のこの著書を読むと、自分が彼女のようになることは遠い遠いことであっても、彼女がそれだけの言語を身につけられたということについては実感できるようになる。ロンブさんは、本当に本当に言語の勉強が好きなのだ。心の底から、誇りを持って好きなものについて語る人の話は、たとえこちらがその対象に何の興味もなくても魅了されるし、話が終わる頃には、もしかしたら自分にとってもおもしろいものなのかも、と思えるようになる。ロンブ・カトーさんは、たぐいまれなる言語の才能を持つと同時に、びっくりするぐらいの話し上手でもある。

たとえば、発音について「われわれの能力を判断する材料として、それはちょうど女性における容姿のような役割を演ずるのです。美人は、初めに姿を見せた時は、《常に正しい》のです」と述べる文の異常な説得力には恐れ入る。また、単語はペアで習得したほうがよい、という考えについて、自分のロシア語の生徒たちが「五ヵ年」という単語は思い出せなかったのに、「計画」という言葉をヒントとして示すと、すぐに答えられた、という例を出しながら、「というわけで、わたしたちが単語を《茂み》ごと、《家族》ごと覚え込むようにするならば、一遍に二兎《にと》をも打ち殺せるのです」と語る。セット、などという味気ない言葉と比べ、この「茂み」だとか「家族」という言い回しの味わい深さよ。わたしなどはもう、この「茂み」を自分の中で増やしたいがために、文読むよ辞書ひきまくるよ、という気分になる。辞書だとか文章を、「耕す」という表現にも、たまらないものを感じる。「読み込む」のはわずらわしいけど「耕し」たいがために、外国語の文章にさわりにいきたくなる。外国語を取り込んだロンブ・カトーさんの内面の世界が、いかに豊かで彩りに満ちているかが、こういった表現からも見受けられて、こんなに楽しそうなら自分も、という気分にさせられるのだ。

庶民的、と書いたが、外国語学習におけるあるあるも、この本は包み隠さず書いてくれて、やっぱりそういうことだったんだ、と勇気をくれる側面もある。ロンブさんは、日本語の「オキル」「オコル」「オクル」の意味を混同しがちで悩んでいたのだが、それらを引き離して覚えるのではなく、もういっそ一箇所に集めましょう、ということにしたら覚えられたよ、とアドバイスしてくれる。また、実際的に話すためには、細かい名詞とかより「というのも、実は〜」とか「わたしが言いたいのは〜」みたいな、よく使う時間稼ぎになる表現をまず覚えたら、とか、独り言をガンガン言え、とか、無限の反復に付き合ってくれるのは本だけだからまず読め、とか、ここではとてもではないが紹介しきれないほどの言語ハックを教えてくれる。

私事なんだが、独学でスペイン語をやり始めて四年ぐらいになる。休み休みだし、続けている時でも一日十分の学習だし、覚えている単語の数はたぶん一〇〇〇語弱ぐらいで、友人のスペイン人の夫には、「彼の指はとても短いです」とか「日本人の女性はみなフランスが好きです」みたいなことしか言えない。友人が通訳してくれるので、彼とペラペラに話し合いたい、という欲求も特にないのだが、前述のようなしょうもないことでも通じるとうれしいし、勉強は飽きずに続けている。アルゼンチンのスポーツ新聞のサイトで、好きなチームのＤＦが言っていた「わたしたちはとてもうまくいっています」というヘッドラインが読めた時の目の開くような感覚は忘れられない。だから、ロンブさんの言語習得への情熱は、あてられてもまったく損はないものだと思う。ロンブさんが言語から受け取ってきた無限の喜びが感じ取れる本書は、一人の賢く幸福な女性について書かれたものでもある。

フィンランド語は猫の言葉

稲垣美晴

2008年　猫の言葉社

先日、会期の終わりに駆け込みで「フィンランドのくらしとデザイン」展に行ってきたのだけれども、いつもあるような絵の展覧会の三倍は混んでいたと思う。皆おそらくムーミン目当てだろうし、トーベ・ヤンソン関係以外の部分はそれほどは混雑していないはずだ、と高を括《くく》っていたのだが、どっこいどのお客さんもやたら真面目にフィンランドの画家の絵を鑑賞しているし、作品の傍らのキャプションをいちいちしっかり読んでいる人までいる。わたしもわりと展覧会での文字情報には目を通す方なのだけれども、人だかりで説明が読めないぐらいの人出と真面目さだった。会期の中ほどに出かけた人などは、三時

間待ちと告げられ、展覧会自体を諦めたそうだ。日本人はフィンランドが好きだな、とは薄々思っていたが、想像以上でした、と言える。ムーミンとマリメッコとイッタラにしか興味ないだろうとふんでいたのに、おそらくほとんどの人が関西人であろうという客層が、「カレワラ」(フィンランドの民族叙事詩)のあらすじを一心不乱に黙読している様は、今考えるとかなり味わい深い光景である。

わたし自身は、冬季スポーツをよく見るので、フィンランドの選手には馴染《なじ》みがある。稀《まれ》にいきいきした人もいるけれども、基本的には表情が硬い、感情表現に乏しい感じの人たちである。そんな彼らは、独特のポコポコした語感の言葉で、ぼつぼつと話す。どれだけしゃべっていても流暢《りゅうちょう》さというか、詭弁的なニュアンスは見られず、最初はとっつきにくいが、そのうち意外と安心するようになる。世界の人々は何も、オーバーアクションで早口だったり、声がでかくて押しが強かったり、鼻声で難しい発音を優雅にしゃべる人たちばかりというわけでもない、と思える。

そんなフィンランドの人の印象とは違って、この本の稲垣美晴《いながきみはる》さんの文章は、とっつきやすく、言うなればサクサクと程良く乾いている。内容のおもしろさとはまた別に、ものすごく文章がうまくて本当に感心する。そんな素敵な食感（触感？）の文章で書かれた、七〇年代の中頃にフィンランドに渡った怖いもの知らずの日本の女の子のフィンランド滞在記・文化紹介にしてフィンランド語学習における苦闘を綴ったエッセイ集である。文句なくおもしろい。

稲垣さんは、三年のフィンランド留学の間で、二回泣いたという。一度は、零下二十度の海岸沿いの道であまりに寒くて、もう一度は、「言葉の使い方」という授業が難しすぎてその帰り道で、ということなのだが、わたしからしたら、たった二回なのか！という驚きがある。そのぐらい、楽しいこととかおもしろいこととかおかしなことばかりだった、とも読めるけれども、それ以上に、この本を読んでいる時に感じる心地よさというか、ある種の気《き》っ風《ぷ》の良さのようなものは、稲垣さん自身の人柄と大いに関係があるような気がする。すごく公平なのだ。フィンランドと日本のどちらが優れてて劣ってて、という視点がまるでなく、見た物事を、驚きながらもしっかりと自分なりに考えて受け止める。

そういった視点に支えられたフィンランドの文化についての内側からの記述は、やはり信頼できて興味深い。フィンランドと言えばサウナだけれども、その実態は？　ということが明かされる「サウナでの赤裸々な話」という章を読むと、今までまったく興味のなかったサウナに無性に入ってみたくなるし、フィンランド人は何かあると森に行って考え事をするのだ、という「森の小人たちと文学」においては、今すぐ自分も森に行かなくては、と思えてくる。

フィンランド語の複雑さにつまずきながらも、嬉々《きき》として作文を書き、体験したことのない寒さに文句を言うでもなく「今はマイナス何度か」と当てっこをし、機織りをやってみたり、隣のおばさんにＹＭＯのテープを貸す様子は、生活することの面白さに満ちている。また、ロヴァニエミ（北極圏の入り口の都市）に住むヘルミさんというおばあさんがしてくれた、ヘルミさんのお姉さんとその飼い牛の話は、感動的でさえある。

すばらしく楽しく、それでいて、何かやってみようという気力を奮い起こさせてくれる本だと思う。すごい冒険をしているのに、肩肘張らない稲垣さんの口調は、どんな気分の時にも隣に来て、楽しい話を語ってくれるだろう。

評伝ナンシー関「心に一人のナンシーを」

横田増生

2012年　朝日新聞出版

この本について文章を書くか書かないか、今書いていいのだろうかということについてとても迷った。別に誰に依頼されたわけでもないので、そういうことはわたしの胸先三寸なのだけれども、ならばだったらよけいに、わたしのような末端の書き手が、こんなに偉大な人について書かれた本のことを取り上げていいのだろうか、という怯えで、長い間取り掛かることができなかった。だいたい、敬称を付けるか付けないかについても、ものすごく迷うのだ。本の中で、宮部みゆきさんは「さん」付けで呼んでらっしゃるしなあ。わたしにとっては、ヴェイユとかジダンとかと同列の人物なので、やっぱりナンシーと書こ

うと思う。そう決意するまで、だいたい一週間ぐらいかかった。

こんなに面白い、すごい文章を書く人はどういう人なんだろう、という当たり前の疑問を抱えながら、でも、知りたくないような気もしていた。ナンシー自身については、ナンシーが対談や日常に関するエッセイで明かしている部分だけで充分だとも思っていた。今もそれは変わらないけれども、でも、この評伝には、わたしの大好きな人はわたしの知らないところでもとても愛すべき人だったんだ、という新たな感動がある。これまで知ることのなかったナンシーの像が、ナンシーの周囲の人々の言葉を借りて、内側から立ち上がってくる。青森時代の友人の貴重な言葉や、さまざまな本の担当編集者といった現場の人々の発言が特に興味深い。中には、ナンシーが消しゴムを買っていた文房具屋さん（！）、ナンシーがついていた自動車教習の講師の証言まである。無数にあるエピソードの中でも、ナンシーが初めて彫ったという、ツイストのはんこに関するものがとても好きだ。はんこをあげた友人が、「Twist」の「i」の上の「・」を落としてしまった時、ナンシーは「・」を側面に彫ってくれて、二度押しすることでもとのはんこと同じように押せるようにしてくれたのだという。とても気のつく優しい人だと思う。陽気で太っ腹で、でもどこかシャイなナンシーについてのそれぞれの挿話は、読む者も微かに幸せにしてくれるような明るさを漂わせている。

「まるでこわっぱのような考え」「まさに『アマ』と呼ぶにふさわしい女」「私たちはパー子に守られているのかもしれない」「郷ひろみは心の中にアメリカかぶれの灯をともし続けているに違いない」「吉田栄作休業宣言。アメリカで充電だと、電池か」「美容師ドラマに貴賤はない」「天然の埋蔵量が違うことを、最初のひとボケで知らしめたといってい い」……。書き出せばきりがない。ナンシーの文章を読むと、自分は自分の至らなさに失望するのではないか、と離れていた時期があった。でもそれは間違いだった、とナンシーの著書を読んで頭を垂れる。こんな切り口がある、こんな発想がある、こんな修辞がある。ナンシーの文章を読むと、でも書こう、という気持ちになる。文章の道はこんなにも自由で奥深く、どこまでも拓《ひら》けている。どこまでも愉快でめちゃくちゃかっこいい関直美という人の生涯を明らかにするこの本は、ナンシー関からの十年後の贈り物のように思える。

読むだけで絶対やめられる
禁煙セラピー

アレン・カー

阪本章子／訳
1996年　KKロングセラーズ

麻薬中毒でなくても、アルコール中毒でなくても、タバコ中毒でなくても、人はたいがい何かに依存している。タバコほどの「まったくよくないもの」ではないものの、心身を害する可能性を秘めた何かを過剰摂取しながら、このままではだめだー、と思いながら生きている。変な読み方かもしれないが、タバコを吸わないわたしは、ずっとその「何か」とタバコを置き換えながら読んでいた。それで驚くほど納得する記述がいくつかあった。タバコを吸わないけど、何かに依存してしまっているなあ、という人は読んだら良い本だと思う。

わたしの場合、その「何か」とは情報である。インターネットが手元にやってきてからというものの、もう際限なく調べ物をしてしまうのだ。それも、仕事上調べなければいけないものならいいのだけれど、昔有名だったけれども今見かけない芸能人だとか、ふと頭に過った映画の名前だとか、以前勤めていた会社（倒産した）の評判だとか、どうでもいいことからそうでもないことまで、ばかみたいに調べてしまう。とにかく、ヒントとしての言葉を与えられて、少しでも頭のへこみにはまると、おおおお、と言いながらそのものの来し方から行く末まで把握したくなる。で、すぐに忘れる。残るのは眼精疲労だけである。運が良ければ豆知識が得られるが、他の人に披露してみても大抵知っていたりする。

数年前に、そのヒントの温床だったポータルサイト（ヤフーやgooなど）を断ち、これからは自然に訪れる言葉にだけ構うことにしよう、と決意したものの、それでも、何くれとなくヒントはやってきて、「知っておいたほうがいいんじゃないのぉ」とわたしを誘惑する。そしてGoogleを開く。一年前にスマートフォンを手に入れてから、時間の奪われ方も眼精疲労もよりひどくなった。芋づる式の検索を阻止するために、調べたくなったらゲームをやったり、スマホを遠くに置いたりしたが、どうもうまくいかなかった。特に、疲れていたり物事がうまく行かなくて理性が減少している時は、何を知りたいのかが仕分けられなくなってきて、なんでもかんでも検索してしまう。目が辛いし、心に引っかかる不快なこともある。ときどきは掘り出し物の記述を探り当てるものの、それが脊髄《せきずい》反射的検索の産物であったことはあまりないので、それはやめたいと思っている。視力の無駄遣いである。情報なしに機嫌よくやっている、自転車に乗っている時や風呂に入っている時のわたしはなんなのだろうか？　と怒りすら覚える。

「タバコの楽しさとは、タバコを欲しがる気持ちを満たすことであり、それ以外の何物でもありません」という一文が鮮やかな、アレン・カーさんのこの本は、タバコをやめたいと苦しむ人はもちろん、それ以外の嗜癖《しへき》への依存をも断ち切ることの助けになってくれる本なのではないかと思う。まるまる一冊が禁煙というテーマで、もしかしたら簡単に読めてしまうかも、と侮《あなど》っていたのだが、そうではなくて、とても気骨のある本だった。「タバコを吸うということ」について考え抜いた著者が、タバコに中毒している人々がどんな身体的、精神的な囚《とら》われを持っていて、どのような状況で、どんな気持ちでタバコを吸い、そしてタバコをやめたいと思い、しかしやめられないか、または、やめても再開してしまうかについて、丁寧に、一つ一つ取り上げて解説してくれる文面は、かなり密度が高く、鋭い指摘に満ちている。特に「タバコはすべてを奪い去り、そして一部を投げ返し、幻想を作り上げます」「(禁煙を続けているうちに、もう大丈夫じゃないかと思ってうっかり一本吸って喫煙を再開してしまうことについて)一本だけのタバコなど存在しない」といった、タバコについて知り尽くした著者による、タバコの誘惑の在り方と断ち方の認識は興味深い。また、喫煙者が、ゆっくりと着実に死に向かっている様子について「百階建てのビルから飛び降りて、五〇階を過ぎたところで『今のところはだいじょうぶ』と思っている」と言ったり、体内にいるニコチンモンスターをサナダムシと考え、それを飢え死にさせなければならないが、あの手この手でだましてくるのだ、というようなたとえ話もおもしろい。それは、ロンブ・カトーさんの『わたしの外国語学習法』にも通じていて、改めて、人の心を動かす本というものは、わかりやすく、優れた比喩《ひゆ》を持っているのだな、と気付かされる。

読んでいるうちに、喫煙やその他の嗜癖は、ある種のひもじさを社会や生活に作り出されたり、自分で作り出したりして、それを一時的に満たしている状態であることがわかってくる。そのひもじさの忍び難きを忍べ、とこの本は言わない。ただ、そこから自由になりなさい、と著者は言うのである。わたし自身はどうか。まずは、テレビのチャンネルを変えたり、電気をつけることだけでもストレスを感じてタバコを吸っていたという著者の行動から、自分がストレスに晒されているときは、そのことを自覚するようになった。そして「こんなことでつらくなるのかよ」と自責して、情報で注意を逸らすのではなく、それを受け止めて、そのうちそのストレスが過ぎることを信じられるようになった。これからどうなるのだろう。しばらくこの本は傍に置いておこうと思う。

第六章　スポーツの本

グアルディオラのサッカー哲学
FCバルセロナを世界一に導いた監督術

フアン・カルロス・クベイロ、レオノール・ガジャルド
今井健策／訳
2011年　実業之日本社

ペップ・グアルディオラに関する記事は、目に留まったら必ず読むようにしている。理由は、自分の好きな選手が、グアルディオラとハゲ方が同じなので参考にしたいのと、グアルディオラの、ときどき訝《いぶか》しいまでのネガティブな発言に、非常な興味を覚えるからである。

たとえば、2010―2011シーズンの、欧州チャンピオンズリーグの準々決勝でのこと。バルセロナは、ウクライナのシャフタール・ドネツクと対戦することになっていた。バルセロナにとってそれほど厳しい試合になりそうな印象はなかったのだが、ペップ・グ

アルディオラは、会見において、「(略) 私はまったく良い感覚を抱いていない。まるで勝ち残るよりも敗退するかのようだ」と発言したのだった。

ネガティブがここまできたか! とわたしはやや興奮した。ときどき、CSのJSPORTSでやっているバルサの公式番組で、ペップ・グアルディオラが会見をしている様子を見かけていたのだが、顎を引いて手を組み、どちらかというと、ちょっとだけぼそぼそ気味に喋《しゃべ》っているところが印象に残る。自信満々でアグレッシブ、とはちょっと言い難い。

たとえば、ジョゼ・モウリーニョにおける、自分を「スペシャル・ワン」であると言い切り、マスコミや敵のチームの監督ときわどいやりとりをし、その実、非常に選手を大切にし、強力なモチベーターにもなる、といった、どこか帝王学じみてもいる手法とは違っているし、マンチェスター・ユナイテッドで権勢をふるったアレックス・ファーガソンのように、何十年もサッカー界の荒波と渡り合ってきた海千山千のクソジジイという佇まいではまったくない。ペップ・グアルディオラは、どこか内向きである。なのに、サッカー史上でも指折りの偉業を達成しているというところに、「内向きの人がどうしたら成功できるのか」というヒントが隠されているような気がするのだ。

それでこの本を読んだ。結論から言うと、「内向きだから」グアルディオラが成功したということではないのだが、内向きな人にも実践可能な、慎重さや謙虚さ、仕事を愛し抜く姿勢や、自分と仲間への信頼を持つことが、グアルディオラを成功に導いた一因であることがよくわかった。

たとえば、先に挙げたものすごくネガティブな発言などは、選手の慢心を防ぐためのもののようだ。試合前の記者会見のほか、大勝した試合の後でも、気を引き締めるために、試合内容で満足がいかなかった部分を指摘する。細部は省くが、「我々は、今日よりもずっと良いサッカーができる。できるというより、しなければならない。チームとして改善する点はまだまだある」とまとめている。こういう向上を望む人格が、自分の中に欲しいと思う。

ただ水を差すだけではなく、士気を高める方法にも長《た》けている。選手たちの話によると、グアルディオラは物事を伝えるのが上手なようだ。内容に一貫性があり、決して今ある知識だけで物事を決めつけようとしない。自らも不世出の選手であったことによる選手からの信頼の前提がありながら、すべての選手に平等に接するらしい。また、重要な試合の前や、難しい時期には、たとえば映画「グラディエーター」に、控えも含めた全ての選手の映像をはめ込んだ動画を作って鑑賞させたり、別の資料だが「Ｎｕｍｂｅｒ」二〇一一年6／23号によると、飛行機事故の生存者の講演を実施したり、脳性麻痺《まひ》の息子を持つ六十歳になる父親がアイアンマンレースに挑むドキュメンタリーを見せ、選手たちの試合に挑むモチベーションを引き出していたらしい。これはよくやる！　と思いつつも、ここまで本格的ではない。また、大変なワーカホリックであり、立場を問わず、興味を持ったサッカー関係者とはどんどん話をする、という姿勢もおもしろい。

そして最後に、本書の中でグアルディオラの言葉として何度も記されるのが、選手たちへの信頼である。直接的な表現ではないが、帯にも引用されている「一度たりとも自分を世界で最も優れた監督だと思ったことはない。ただ幸せなひとりの人間にすぎない」という決定的な言葉は、彼の謙虚さと信頼を示していると思う。

これを読んだからといって、グアルディオラになれることはないだろう。けれど、小さな組織のリーダーですらない個人が読んでも意味のない本というわけではない。自分自身は自分自身の監督であり、選手なのだとみなし、できる部分でだけでもグアルディオラごっこに興じてみると、少しずつ、明日が拓けてゆくかもしれない。

オレンジの呪縛

オランダ代表はなぜ勝てないか?

デイヴィッド・ウィナー

忠鉢信一／監修　西竹 徹／訳

2008年　講談社

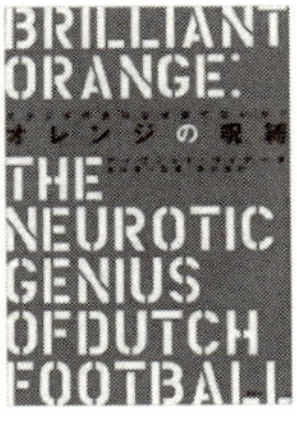

二〇一〇年のW杯で、日本はカメルーン、デンマーク、オランダと対戦した。本書は、そのうちの一国である、オランダのサッカー事情について紹介した本である。筆者デイヴィッド・ウィナーは、イギリス生まれでアムステルダム在住だそうだ。「サッカー事情」とはしているが、テーマは縦横無尽である。オランダの歴史、文化、そこから導き出されるオランダ人のものの考え方に始まり、オランダ人が生み出した「トータルフットボール」という戦術の誕生について、代表チームの中の内紛、そしてサブタイトルにもある「オランダ代表はどうして勝てないか?」というテーマに肉迫してゆく。「どうして勝てな

い？」というほどオランダはサッカーが弱い国ではないけれども、たしかに変なところで負ける印象がある。ユーロ2008では、優勝するんじゃないのというぐらい予選で異常に強かったにもかかわらず、決勝トーナメントでロシアにへろっと負けてしまったオランダの姿には、ずっと疑問があった（ちなみにユーロ2016は出場さえかなわなかった）。サッカーには詳しくないけれども、読み物は何冊か読んでいる。その中でも本書は最も興味深かった一冊である。オランダのことを知らなくても、サッカーのことを知らなくても、はたまたどちらにも興味がなかったとしても、この本はとても楽しく読める。

筆者によると「フットボールのピッチは世界中どこに行っても同じサイズで、同じ形をしている」という角度からフットボールを捉えたのは、オランダ人が初めてなのだそうだ。それまでのサッカーにおける空間（スペース）の捉え方は、フィールド上にいる十人が、どのようなフォーメーションでどう仕掛けてゆくか、という、選手の体とボールの行方こそが問題だったが、オランダ人はそれを反転させ、フィールド上のどこに、どれだけのスペースがあるか、ということを考え始めた。どうしてオランダ人はこのように考えるに至ったのか。筆者はそれを、オランダの国土の狭さというところから説明する。オランダは、世界でも最も人口密度が高い国の一つでありながら、そこに住んでいるオランダ人は、世界で最も平均身長が高い。そういうこともあってか、土地をどのように有効利用するかは死活問題とされている。街並みは、綿密な都市計画に基づいて整備され、家は背が高く、その内部の階段は狭くて急なのだそうだ。そういった事象が、オランダ人たちに、部屋に例えて言うと、家具の「置き場所」ではなく、家具を「置いていない空間」に目を向けさせ、ヨハン・クライフに『サイドを突破していくことで相手ＤＦをひきつけることができる。そうすれば後ろからＭＦが走り込み、シュートを打つスペースが生まれる』などといった概念を実践させるに至ったのではないか、と筆者は言う。

サブタイトルにある、どうして勝てないか？　という説明も興味深い。優勝候補であった一九七四年のワールドカップ決勝対西ドイツ戦や、その他の重要な試合での敗北の理由についても、オランダ人の国民性というところに行き着く。一九七四年の決勝については、オランダという国が、ドイツと良好な関係を築いていたにもかかわらず、ナチス・ドイツの侵攻を受けてしまったことにまで遡る。ナポレオン戦争後、一貫して中立を守ってきたオランダは、他のヨーロッパ諸国が大きな被害を受けた第一次世界大戦を経験しなかったので、ナチス・ドイツの侵攻は他の国に比べてショックの度合いが大きかったのだという。そのことで、ドイツに対して大きなコンプレックスを抱いたオランダが、再びワールドカップ決勝という大事な舞台で西ドイツに敗北する。本書の中では、そしてそのコンプレックスこそが敗因の一つであったと分析している者もいる。

ゲーム内容の美しさに対する固執と裏腹のＰＫ軽視に関する話題は、あまりにも極端で、思わず人に話したくなる。それまで何度もＰＫ戦で敗れていたのに、ＰＫでの勝利には価値がないと考えていた（と本書ではされている）オランダは、一九八八年のワールドカップのブラジル戦で、再び同じ状況に立たされたにもかかわらず、ＰＫに備えた練習をしていなかったのだそうだ。この時、アシスタントコーチが選手達に与えようとしたアドバイスは「どこに蹴ったらいいか自信がなかったら、思い切りシュートを打てばいい。どこに飛んで行くか自分がわからないのだから、ＧＫにわかるはずがない」というすさまじいものだったという。一周回って感動的でさえある。

サッカーの敵

サイモン・クーパー

柳下毅一郎／訳
2001年　白水社

著者のサイモン・クーパーは、一九六九年生まれで、九か月で二十二か国を旅して、そこでの取材をもとに本書を執筆した。この本の原書は一九九四年に出版されたので、二十五歳の時の著書だということになる。個人的には、大著という位置付けにある本である。よくそんなに若くしてこんな本書いたなと思う。いや、五千ポンドの予算で、ロシアからブラジルまで旅して、それぞれの国々のサッカー関係の要人に会う、というような冒険は、若気の至りじゃないとできないのかもしれない。五千ポンドというと、九〇年代の始めの頃のレートでは、だいたい一一八万円で、一冊の本の取材費として、安いのか高いのかは

わからないのだが、二十二か国を股にかけたというと、やはり安いということになるだろう。ちょうど二十年前の世界での、サッカーにまつわる裏事情が俯瞰《ふかん》されている。けれども、現在にも通用する事情や意見が大部分を占めるのではないか。本の趣旨は、冒頭で簡潔に説明される。「これは世界でフットボールが占める地位についての本である」。サッカーが単なるスポーツ以上のものとみなされる、世界の様々な場所で、サッカージャーナリストである後藤健生さんの解説を引用すると、「サッカーをめぐってもがき苦しんでいる」人々の姿が、声が、生々しく記されている。

取り上げられている国は、旧東ドイツ、バルト三国、ロシア、ウクライナ、ハンガリー、スロヴァキア、オランダ、ドイツ、スペイン、スコットランド、クロアチア、カメルーン、南アフリカ、その他アフリカの国々について少しずつ、アルゼンチン、ブラジル、アメリカである。今回のW杯に限らず、毎回常連として出場するような、サッカーに関してメジャーな国もあれば、サッカーが盛んだったのか、と思わず驚くような国についての記述もある。

オランダ対ドイツの第一次世界大戦から続く因縁や、カタルーニャ人の心の拠《よ》り所《どころ》であり、独裁者フランコに愛されなかったスペインのバルセロナＦＣの歴史、アルゼンチンでのサッカーの政治利用、ブラジルの古典的でロマンチックな悪党の像が重なるサッカー選手、カポイエラとの関係など、明らかに読み応えが保証されている章もあるのだが、個人的には、ベルリンの壁の出現によって東側に隔離され、数奇な運命をたどるヘルタ・ベルリンのファン（ヘルタ・ベルリンは旧西ドイツのクラブ）のことや、スコットランドにおけるグラスゴー・レンジャースとセルティックＦＣの対立は、プロテスタントとカトリックの宗教対立を孕《はら》んでいるだとか、ロシアでもまた、モスクワの名を冠したいくつかのクラブのうち、ディナモはＫＧＢ、本田圭佑《ほんだけいすけ》が所属していたＣＳＫＡは陸軍、ロコモティフは鉄道会社のクラブだったが、スパルタク・モスクワだけは違っていた、といったことが興味深かった。特に、旧東ドイツでヘルタ・ベルリンのファンを貫いたあげく、旧西ドイツへと移民したクロップフライシュ氏の話は、まさしく事実は小説より奇なりを地でいく。カフェの奥に、ビンゴクラブのふりをして旧東ドイツのヘルタのファンが集まり、試合もろくに観られないままヘルタの首脳たちの慰問を受けたり、旧東ドイツから移動できる限りの東欧諸国を回って西側のクラブや代表との試合を網羅し、選手たちと写真を撮りまくったあげくシュタージにマークされたり、望みもしないのに、ある日自国以外のサッカーから分断されてしまったいちファンの悲哀と工夫と、サッカーへの愛が横溢《おういつ》している。西ドイツに行けたと思ったら、そのすぐ後にあっけなく壁が崩れてしまってからの氏の話も、彼にとっては災難だったかもしれないが、とてもおもしろい。

「数十億人の人にとって意味を持つとなれば、ゲームはもはやゲームではない。フットボールがただフットボールだったことはないのだ。フットボールは戦争や革命を起こし、マフィアや独裁者を魅了する」。著者の序章での言葉である。マラドーナが大会から追放されるとバングラデシュでデモが起き、飢えと絶え間ない問題とアメリカの脅威に晒されながら、ハイチのファンはブラジル戦に注目する。愛国心だけの問題ではない。熱狂させながら心をずたずたにする。サッカーとは、わたしたちにとって何なのか？　その怪物的な影の一端に触れることができる本だと思う。

ぼくのプレミア・ライフ

ニック・ホーンビィ

森田義信／訳

2000年　新潮文庫

イングランドのプレミアリーグについての本である。決して「プレミアな生活」について書かれた本ではない。というかそれとは正反対の、「アーセナルのファンでいること」の苦痛（とほんの少しの歓喜）がえんえんと隙間なく書き綴られた本である。そんなものおもしろいのって感じかもしれないが、これが恐ろしくおもしろい。目が覚めるほど論理的に、サッカーを見続けることにまつわるみじめさを言語化し、ひねくれたレトリックはどれもありえない角度から中心を撃ち抜く正確さで配置されている。初めてこれを読んだ時、自分は、ニック・ホーンビィには絶対にかなわないと思った。もう、ノンフィクショ

ンではないべつのフィクションの本を読んだら、完全に意欲をへし折られそうなので、わたしは『ハイ・フィデリティ』も『アバウト・ア・ボーイ』も読んでいない。そのぐらいの衝撃を受けた本である。

原題は「Fever Pitch」。イギリスで百万部売ったらしいのだが、うらやましいというかなんというか、こんなニッチとも言える苦しみを取り扱った本がそんなに売れるということに、イギリス社会の異常な成熟といえばいいのか倦怠《けんたい》といえばいいのかに感心する。ノンフィクション、という前述の通り、著者ニック・ホーンビィとその愛するチームであるアーセナルが出会った十一歳の一九六八年九月十四日から、三十四歳の一九九二年一月十一日までの二十四年もの長い間における、著者が現地で観戦するなりテレビで見るなりして関わった試合に、著者自身のその時の状況が盛り込んで書かれたスポーツ・エッセイである。

今でこそ、アーセン・ヴェンゲルが率いる多国籍で柔軟なイメージのあるアーセナルだが、それ以前はあまりにイギリス的な、労働者階級の支持を取り付ける、エレガントさとは無縁のいかついクラブだったらしい。「ぼくらの多くは選んでファンになったわけではない。アーセナルはただぼくらの目の前に差し出されただけだ」という言葉の通り、著者は、強いからとか、素敵なフットボールをしているからとか、誰々という選手に強烈に肩入れしているからという理由でアーセナルが好きなわけではない。「イボやコブのように」アーセナルが体にとりついているのである。仕方のないことなのだ。

憂鬱な十三歳であったところの著者は、その年齢なりに周りが騒々しく、「常に人から笑わせられているような状態で、みじめさを表現することなんてできるだろうか?」とした上で、「フットボールを楽しみたくなどなかった。ほかが楽しいことばかりで、楽しいことなんてもううんざりだった。ぼくが何より必要としていたのは、行き場のない憂鬱感が解放される場所であり、気を揉《も》み、暗い気持ちになりながら過ごせる時間だった。ぼくの心にはブルースがあった。我がチームを見ている時は、そんなブルースを解き放ち、一息つかせてやることができた」とする。名文だと思う。これは、たとえサッカーを好きになったことのない人にでも覚えのある感情なのではないか。わたしには音楽がそうだった。

あの気持ちは、友達もいたしべつに大して不幸でもないのにいつもうつむいていて、ときどき行き場がないと感じて、窓を開けて風を吹き込むように音楽を聴いていたあの時の気持ちは、これだったのかと思う。

幾度となく繰り返される、「ぼくはこのクラブに鎖でつながれている。だからこれまでの半生のようにみじめな生活を、これからもずっと続けなければいけない」というような発言には、強いからとか華麗だからではなく、一度は「目の前に差し出されたもの」を受け取ってしまった人なら後ろ向きな共感を感じると思う。かといって本書は、ネガティブで自己憐憫的な愚痴に溺れているというわけではない。著者の昔住んでいた家から近かったレディングとの試合で出会った個性的な三人家族のサポーターや、著者が進学したケンブリッジ大学の町のケンブリッジ・ユナイテッドのおかしな観客たち、著者以上にルートンというクラブにとりつかれたニール・カースという男のこと（選手がピッチへ出てくるトンネルのすぐそばに陣取って、プレーに値しない選手を口汚く罵って追い出したり、でかい声で野次を飛ばし過ぎて『インディペンデント』で記事になったり、選手の銅像をつくれと市議会にかけあったり）など、フットボールに関わる笑える人々の記述は忘れられないし、何より著者の自虐は終始笑える。ただの自虐じゃなくて、手を替え品を替え繰り出されるアーセナルへの愛憎は、単におもしろい文章を読むことの愉悦に満ちている。

どん底のみじめさと、著者を精神的な問題から救い出してしまうことを同時に提供するアーセナルと著者の数奇な二十四年は、読者を「自分たちは何を必要として、何を信頼して生きているのか」という問題に立ち返らせる。金、セックス、政治、宗教、家族といった、人間の大きな関心事とは大きく距離を置いた場所にある、這いずりまわるようなみじめさと不意の恩寵《おんちょう》。そこには確かに、わけのわからない愛情を抱えることができる人間の感性の豊かさが横溢している。

マーク・カヴェンディッシュ

マーク・カヴェンディッシュ

児島 修／訳

2011年 未知谷

現時点で、ツール・ド・フランスのステージ合計二十六勝を記録している、マン島出身のサイクルロードレーサー、マーク・カヴェンディッシュの自伝である。原書は二〇〇九年に出版されたものなので、その後の更なる進撃についての記述はないのだが、それまでのカヴェンディッシュの来し方や、イギリスでの自転車選手の育成制度の内実、ロードレース競技の中で若い選手が成長していくこと、チーム内での人間関係についてであったり、また、レースそのものの様子や、その場にまつわる選手の忌憚《きたん》のない気持ちなどが詳細に書かれている。

たいした本だと思う。二〇一一年までのカヴェンディッシュの所属先である、HTCのドキュメンタリー映画「チェイシング・レジェンド」の中で、カヴェンディッシュが原書を片手にサムズアップして登場しているのを見るにつけ、失礼だけれど、こんなにちゃんとした本だとはとても思えなかった。

「ここがおもしろかった」と抜き書きしようにも、ほとんど全ページがおもしろいといっていいぐらい、内容は濃い。マン島の離婚家庭出身の、ただ自転車が好きなだけで何者でもない感情丸出しのヤンキーが、人並み外れた才能と努力と情熱と執念で勝って勝って勝ちまくる。そこに至るまでには、無数の挫折があり、罵声《ばせい》も呪いも浴びている。データ上では劣等生で、体も自転車の選手としては太り気味に入ってしまうらしいカヴェンディッシュは、コーチからも選手仲間からも何度も落ちこぼれの烙印《らくいん》を押され、それが所以《ゆえん》で間違った調整を行い、肉体も精神もぎりぎりまで損なわれたりしながら、必ずそこから這い上がっていく。これは、言うなれば一代記の本である。ただ、そうとだけ言い切ってしまうには、あまりにもディテールが優れているし、それぞれのエピソードも興味深い。

この原稿を書くためにぱらぱらめくっているだけでも、どれについて書こうか迷う。とにかくびっくりするぐらいカヴェンディッシュが太い太いと言われ続け、自分でも強調していることに驚くし、その勝利への執念を裏付ける、数々の細心の注意についての記述も面白い。カヴェンディッシュは、どんな小さな事に関しても並外れて考え抜いて工夫し、勝利を摑《つか》むことに尽力している。たとえば、だいたい一日に150〜300キロを走るサイクルロードレースには、長い競技時間を過ごすことを補うために食料や飲料を受け取る補給ゾーンがあるのだが、カヴェンディッシュは、必要な補給食はすべて自分で持ってレースに臨むようだ。20キロずつ何か食べることを決めていて、それにカフェインが含まれているかいないかや、どのポケットに何キロの地点で食べるものを入れるかが決まっているらしい。ジャージのポケットの右、真ん中、左を使い分け、ポケットが均等な重さになるように消費して、危ないラスト40キロの地点で食べるものは、右手を離さずにすむように左のポケットに入れる、ということまで考えている。

カヴェンディッシュを勝利へと駆り立てるものの柱の一方が、前述の補給の摂《と》り方を一つとする忍耐と執念のようなものなら、もう一つは、仲間への責任だろうと思う。カヴェンディッシュの勝利者インタビューで目立つのは、チームのアシストたちへの言及である。サイクルロードレースはチームスポーツであり、エースを勝たせてくれるための仲間の献身なくしては、カヴェンディッシュは勝利を手にできない。競技への姿勢が荒っぽく、他チームの選手からは嫌われがちなカヴェンディッシュだが、仲間への思いと気遣いについては人一倍のようだ。本を読み終わった後に残るのが、あの時にカヴをアシストした誰々がかっこよかったなあ、という感想が大勢を占めていたりすることこそが、カヴェンディッシュのチームメイトたちへの感謝をあらわしているのかもしれない。特に、フロト・スヘルデプライスというレースでのプロ一勝目に関する記述は感動的で、高揚感に満ちている。別のエースを勝たせる作戦で臨んだレースで、カヴェンディッシュはたった一人で勝利を狙う。そこへ、アシストの仕事を終えたベルンハルト・アイゼルが不意に現れ、再び仕事をすることを決め、カヴェンディッシュを勝利に導く。この部分のアイゼルの描かれ方はまるで天使のようで、どんなフィクションよりも興奮する場面だったと思う。

マルコ・パンターニ　海賊《ピラータ》の生と死

ベッペ・コンティ

工藤知子／訳
2009年　未知谷

自分は三十四歳で死ぬと本気で思っていた。理由は、自分の好きな人たちがことごとく三十四歳前後で亡くなっていたからで、自分も無事でいられるわけがないと思っていた。シモーヌ・ヴェイユとエリオット・スミスは三十四歳で亡くなり、ジュディ・シルは三十五歳を一か月と少し過ぎて亡くなった。彼らに共通するのは、それぞれのやりかたでどこか弱く控えめに、けれども時に鬼気迫るような態度で表明した世界への違和感だと思う。誰も、その感覚に妥協して、世界とうまくやっていこうとはしなかった。それで命が尽きるリミットが、三十四年だったのだと思う。

だから、わたしが自転車競技に興味を持った理由は、さまざまにあるけれども、かなり大きな範囲を占めるものとして、パンターニが三十四歳で死んだから、という事実がある。インターネットの享年で著名人を整理している人名辞典で知ったのだが、この人は間違いなく、文頭に挙げた彼らの仲間だと思った。底無しの孤独と峻烈さ。そういう人を輩出する競技を見てみよう、というのが、わたしがサイクルロードレースを観ようと思った動機の一つだった。

ロマーニャ地方チームの監督であったオスカール・ピラッツィーニが、ミーティングで無言だった十四歳のパンターニに語り掛けた「君も話しなさい、何か言いなさい。いいかい、一人前の選手になるためには度胸《たま》が要るんだぞ」という言葉の十年後、パンターニはジロ・デ・イタリアで二連勝し、ピラッツィーニに以下のように言ったという。「ね、僕にはあるでしょう？　度胸《たま》があること、分かったでしょう？」。もうこの時点で自分は本を閉じたくなったことを覚えている。あまりにチャーミングではないのか。この人が辿る不幸を、端切れでも知っている人間からしたら、どうしてこんな若者があんな最期を迎えるのだろう、とつらい思いでいっぱいになる。

本書で明かされるパンターニは本当におもしろい人だ。きつい負傷の療養中の暇つぶしに、女装して一般のレースに出る。愛するジロ・デ・イタリアに出られなければ、主題歌を依頼されて歌う。歌はうまかったし作詞もした。この人の何百分の一かもおもしろくない人間なんてきっと本当にたくさんいるだろう。なんだろうね、つまらないやつはきっと長生きするんだろうね、と呟きたくなる。「海賊」の二つ名の役割を忠実に演じるために、頭にバンダナを巻いて、イヤリングを付け、サドルにドクロを描いて鼻にダイヤモンドのピアスを付けていた、ということからも、サービス精神が旺盛な人間性がうかがえる。一九九八年のジロ第19ステージのモンテカンピオーネの頂上ゴールへの道のりで、呼吸を邪魔する鼻ピアスを捨て去ってアタックする一連の描写には、選ばれた者だけが許される身振りの強烈さがある。同年のツールでの、ヤン・ウルリッヒとの競争に関するコメントなどからも知ることができるように、見せ方を知っている、本当に魅力的な選手だったのだろう。

一方で、数々の不運な事故に見舞われ、心身ともに傷付いていたパンターニは、二十一日間を要するグランツールを走る中で、落車した選手を毎晩数え上げては、次は自分の番なのではないかと思っていたそうだ。自分に事故が起こらないとはもはや考えることができず、事故があるのは前提として、自分の体のどこがやられてしまうのかというところまで及んでいたらしい。そこまで追い詰められながらパンターニは言う。「苦しまねばならないことはわかっている。それでも力一杯いくんだ。そうすれば苦しみの時間を減らせると思うからさ。見ての通り、僕が上りで飛び出す時は、運命に挑戦するつもりで行くんだ。吹っ飛んでしまうかも知れないのは、承知の上でね」。たいした選手だと思う。

競技の上での活躍と反比例するように、パンターニはドーピングの疑惑を掛けられ、不信にさらされ、自らも自転車の選手でいることを信頼できなくなり、急速に転落してゆく。著者の配慮があるのか、芸能記事的な側面もあるその部分については、本書では実にあっけなく書かれる。けれども、読者としてはそれでよかったように思う。誰からも見捨てられたとまことしやかに言い伝えられている選手が、それでもどれだけの人間に愛されたかは、船に乗せられて遺体が運ばれてゆくのを見守るあまりにもたくさんの人々を写した写真が物語っている。

死に方がその人をあらわしているなんて間違いだ、と強く思う。支持する人々に、ことごとく三十四歳で亡くなったという共通項を見出《みいだ》していた自分が言うのもなんだけれども。本書はパンターニを悼むものであり、亡くなったパンターニに未来はない。けれども読者には、本を閉じた後、でも精一杯生きようと思わせる。それほどまでに、パンターニの生涯には、痛みと裏腹の生のエネルギーが凝縮されているのだ。

本書は、月刊「ジェイ・ノベル」連載「枕元の本棚」（二〇一〇年七月号～二〇一五年一一月号）に加筆修正し、単行本化したものです。第六章に収めた「オレンジの呪縛」のみ、初出は「小説現代」二〇一〇年二月号となります。

ブックデザイン　篠田直樹（bright light）

津村記久子（つむら・きくこ）

一九七八年大阪府生まれ。二〇〇五年「マンイーター」（単行本化に際し『君は永遠にそいつらより若い』に改題）で第二一回太宰治賞を受賞し、作家デビュー。二〇〇八年『ミュージック・ブレス・ユー!!』で第三〇回野間文芸新人賞、二〇〇九年「ポトスライムの舟」で第一四〇回芥川龍之介賞、二〇一一年『ワーカーズ・ダイジェスト』で第二八回織田作之助賞、二〇一三年「給水塔と亀」で第三九回川端康成文学賞、二〇一六年『この世にたやすい仕事はない』で芸術選奨文部科学大臣新人賞を受賞。

著書は『ウエストウイング』『これからお祈りにいきます』『ポースケ』『エヴリシング・フロウズ』などの小説、エッセイ集『やりたいことは二度寝だけ』『二度寝とは、遠くにありて想うもの』『くよくよマネジメント』など多数。

枕元《まくらもと》の本棚《ほんだな》

二〇一六年七月十五日　初版第一刷発行

著　者　津村記久子
発行者　岩野裕一
発行所　株式会社実業之日本社
〒一五三-〇〇四四　東京都目黒区大橋一-五-一　クロスエアタワー八階
電話【編集】〇三(六八〇九)〇四七三　【販売】〇三(六八〇九)〇四九五
振替〇〇一一〇-六-三二六
http://www.j-n.co.jp/
小社のプライバシー・ポリシーは右記ホームページをご覧ください。

印刷所　大日本印刷株式会社
製本所　株式会社ブックアート

ISBN978-4-408-53689-7（第二文芸）